美美咨询思想库丛书

老钱观美业

BEAUTY INDUSTRY

钱浅 / 著

SPM 南方出版传媒 广东人民出版社

·广州·

图书在版编目（CIP）数据

老钱观美业 / 钱浅著. —广州：广东人民出版社，2017.9
（美美咨询思想库丛书）
ISBN 978-7-218-11963-2

Ⅰ.①老… Ⅱ.①钱… Ⅲ.①美容—服务业—文集 Ⅳ.①F719.9

中国版本图书馆CIP数据核字（2017）第183620号

Laoqian Guan Meiye

老 钱 观 美 业   钱浅 著

出 版 人：肖风华

责任编辑：李　敏　温玲玲　罗　丹　周钟昊
特约编辑：宋小龙
插画作者：邝　彪
封面设计：闻伟男
责任技编：周　杰　易志华

出版发行：广东人民出版社
地　　址：广州市大沙头四马路10号（邮政编码：510102）
电　　话：（020）83798714（总编室）
传　　真：（020）83780199
网　　址：http://www.gdpph.com
印　　刷：广州市人杰彩印厂
开　　本：787mm×1092mm　1/16
印　　张：11.75　插　页：2　字　数：137千
版　　次：2017年9月第1版　2017年9月第1次印刷
定　　价：50.00元

名人寄语

遇见此书，是一幸，当捧读，当思索，当洞彻。

——全国工商联美容化妆品业商会会长马娅

与其说这是一本行业研究分析报告、企业家管理方略，不如说它是每一位对美有着执着追求人士的心灵启迪之书，值得"悦"读。

——武汉当代科技产业集团股份有限公司董事长艾路明

这是一本关于美的书，写出了一位美业人的追求；这也是一本关于爱的书，道出了美业人的共同期待。

——国际专业美容师协会主席郑明明

爱美之心人皆有之，问题是如何使自己更美一些，越美越好，该怎么办呢？钱浅先生出了一本书《老钱观美业》，他把多年来观察思考实践的可行办法告诉诸位，您可以听听钱先生在书中是怎么说怎么做的，总之让人美起来，心善而有功德。大家不妨翻来看看，读来悟悟。

——著名主持人赵忠祥

能用"后腿"射门的球员绝对智慧地展示一种意想不到的快乐态度！老钱就是这样的球员！

——央视著名评论员韩乔生

汲取智者的营养即为智慧，是极大的福报，感谢老钱的分享！

——著名主持人那威

美丽需要传递，更需要分享，老钱就是这样一个有梦想的人。

——著名演员王姬

推荐序一

把美的精神注入商业灵魂

艾路明

武汉市新洪村村长兼党支书，武汉大学哲学学院博士生导师，武汉当代科技产业集团股份有限公司创始人、领军人，武汉华夏理工学院董事、监事长。

　　钱浅先生观美业，每一篇都把我们带到对美业发展历史的检视和反省、对美业发展现实的呐喊和关注、对美业未来变革的期许和希望中。

　　本书启迪我们，要在企业管理过程中把握美的规律、美的规则，创造美，发现美，表现美，把美的精神注入商业灵魂；在工作生活中体现美德、美行、美品，怀抱积极向上的美的心态。

　　与其说这是一本行业研究分析报告、企业家管理方略，不如说它是每一位对美有着执着追求人士的心灵启迪之书，值得"悦"读。

艾路明

2017年4月于武汉

推荐序二

遇见此书，是一幸

马娅

广东省政协第十届委员会委员，现任中华全国工商业联合会美容化妆品业商会会长、中国商业联合会副会长、中国展览组织专业委员会副主任、中国商业联合会会展联盟副主席、中国化妆品质量管理工作委员会副主任。

遇见此书，是一幸。

从创立第一届国际美博会开始，我为美业服务已有三十二年。在这三十余年中，美业历经风雨变迁，但我痴心不改，对美业的深情久而弥笃。

在美业70年代人物里，钱浅快人快语的形象深深印刻在我心中。这些年，他带领着美美咨询集团承接下许多生美、医美企业棘手的战略与战术问题，努力推动行业发展，成功案例遍及全国各个区域市场。当钱浅说要出一本书点拨美业经营者的时候，我满怀期待，心里不免略带责备：这书，你早就该出了！

只是，钱浅并不急着批量写书，他有着异常固执的淬炼精品的理念。直待把事实的举隅更具代表性，方法论更为齐备且贴合实际，语言反复推敲之后，才将这五车腹笥奉献付梓，以飨各位美业企业家、高管和创业人士，我对此更为欣赏。

　　纵览本书，"观美业"鞭辟入里，袒露机锋，就好像一个充满谋略、直来直往又爱讲真话的人与你共沐朝晖、觥筹同饮，大倒心中块垒；将浮夸的、伪饰的表象撕裂开来，并不拘礼数，甚至有些"棒喝"意味地呈现观点，如快刀斩麻，干脆利落；一时间，如醍醐灌顶，让人蓦然觉醒，大呼过瘾，大受启发。实因钱浅感到问题严峻，把他人的经历过渡到自己身上来彻悟，这剂苦口良药实为甘芳纯酿，与知者共勉。从现实来说，面对迅速发展的美业，如今竞争日益激烈、产品同质化严重、消费需求更迭迅速、营销手段莫衷一是，更需要拨开云雾看晴天，遇见此书，是一幸，当捧读，当思索，当领悟，当洞彻。

　　时至今日，美业变革创新发展，朝阳灿烂无限。美业越来越美，越来越有成熟的韵味，越来越昌盛繁荣。美业似一位时尚而善良的母亲，无私照顾着五亿消费人口的美丽健康和四千万从业大军的温饱生计。而展望未来则更令人无限欢喜，并倍感使命在肩。对于一群勤劳的耕耘者来说，无论岁月几何，面对恢弘、博大的美丽大业，我们都将永远是她的好孩子和勇敢的守护者。

2017年5月于广州

推荐序三

难得，有心人

郑明明

全国政协委员，国际美容教母，国际专业美容师协会主席，世界十大知名美容女士之一，蒙妮坦学校创办人。

难得，有心人！

很高兴为钱浅先生写序，在我眼里钱先生是一位美业追梦人，对美业的发展有着执着的追求。在《老钱观美业》里，从美业的发展到未来的预测，从一个美业人应有的操守到管理企业的标准，钱先生都详细地在书中分享了自己独到的见解。每个企业家的经验都是可贵的，能把自己的经验精心地整理、分析、整合、分享，钱先生这份对美业的心意实属难得。

我从事美容事业至今已有五十一年了，超过半个世纪的坚持，不倒翁精神始终陪伴着我和一代又一代的蒙妮坦人。我想每个企业家的经历都是不一样的，但是他们所走过的路途却是相似的，我相信成功路上并不拥挤，因为能坚持到最后的人并不多。我希望把不倒翁精神送给各位，这是我父亲送给我最大的财富，期望大家都像不倒翁一样，永远不被困难打倒。

　　近年来，美业发展一日千里，崭新的美容项目就像雨后春笋般出现，这开启了一个美业新时代，也预示着美业将会面临更多的挑战。关于一个全新的、美的世界，钱先生在书中给出丰富全面、创新出彩的分享，我想这一切都能为美业同业者带来很有价值的参考。

　　难得，有心人，这是一本关于美的书，写出了一位美业人的追求；这也是一本关于爱的书，道出了美业人的共同期待。今后，期望能和各位美业同仁们继续携手并进，共同实现美业梦，为人民、为国家创造一个更美丽的社会！

2017年4月于香港

自序

科学与理性护佑美业
健康前行

进入美业十六年，内心总有一团火焰在燃烧，催促我为这个行业做点什么。

美业处于一个变革的时代，呼啸而来的改变让我们应接不暇。作为商务部研究院每年《美容化妆品产业分析研究报告》的撰稿人之一，我能够应用大数据去对行业发展进程进行较为宏观的研究与分析。同时，对行业进行思索是我极大的兴趣，在学习与工作中，我总是会深度观察一些事件内在本质并形成自己的观点。我的很多观点都是孤立独存，但却彼此呼应，陆陆续续展示出当今美业现状与持续进化的图景，构成大美业的一个缩影。很显然，观点一定是百家争鸣的，我的只是那些不同认识中的一个，有些观点可能无法揭示本质，但我非常努力地去理解现实和未来，力图使这种理解对行业健康发展有所帮助和借鉴。观美业经济风起云涌，论万千创业起伏百态。在这本书中，除了事儿，还有一些人物。他们很多是美业的开创者，并推动了行业的快速发展，是行业改革和创新的实践者。毫无疑问，他们为美业发展铺平了道路，并正努力创新，开拓新的更广阔空间。他们令美业生机勃勃并业态温暖，我们需要去记住这些人，并传承他们对美业的希冀。

帮助别人快乐自己是我的终生使命，美美咨询秉承夏尔巴精神，一路向上。我深爱并感恩这个能够给人带来幸福和快乐的行业，我愿为这个行业尽我所能，并毫无顾虑地去奉献我的青春与热血。

在此要感谢马娅会长、郑明明博士、微软前中国区总裁杜家滨所给予的大力帮助与指导，尤其要感谢马娅会长为本书作序，感谢邝飚老师为本书创作插图，感谢郭秀宽老师为本书筹划编辑。我衷心地希望更多的读者能够从此书中受益。我希望以《老钱观美业》去引发全行业对美业现实与未来的高度关注和深度思索与评论。当每个有责任感的美业人把对美业的思索当成一种习惯，并以全新的价值观去探索，我相信美业将会迎来下一个春天。

愿科学与理性护佑美业健康前行。

2017年4月 于广州

目录
Contents

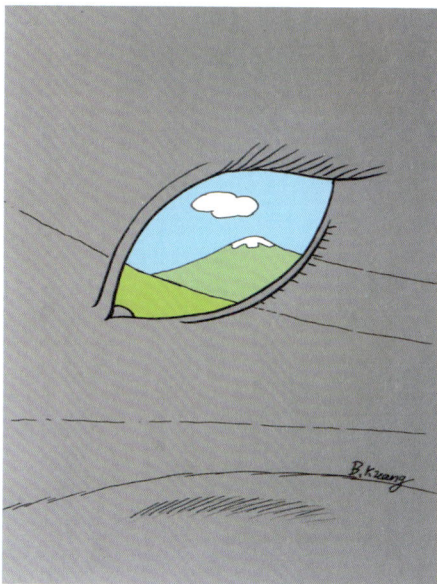

第一篇

眼睛

外面阴暗的东西很多，灿烂而美的东西更多。

所以要我们的眼睛去过滤，少看阴影，会远离负能量；

多看阳光，双眸会透彻。

负能量让人痛苦，痛苦有叠加作用，正能量让人快乐，快乐更容易传播；

做个有正能量的人，内心才感到快乐，我们有责任把快乐和美传播出去！

第二篇
一个策划人的修养

　　1．对消费者的觉悟。从没有什么创意，只有对企业与品牌在内心深处的洞悉；从来没有高智商，只有更好的设计逻辑；策划人当放下自己的喜好、清高和妄念，一切尊重消费者的消费偏好与消费行为，做到大隐于市，随波逐流，俗不可耐，融入凡尘，好策划才有了好土壤。这是唯一科学有效的方法。

　　2．尊重雇主。永没有好策划，只有好雇主。策划人当挣脱救世主的自我枷锁，坚守对人性的理解和包容，坚守对雇主企业文化的理解与认同，坚守关键矛盾的把握与深究，方能打开心胸干正事，为雇主拿到结果，让事物自行生发运转。

　　3．摒弃才华拖累，锐意创新。忽略自己的才华方能恪守专业，恪守专业才能忘我，忘我才可求索，求索才可专研，专研才可创新。

　　从来没有什么经验和其他的捷径，如此这样修行，才有可能完成一段漫长的修炼，逐步沉淀属于一个策划人真正的修养。

第三篇
乐趣的魔力

　　因乐趣而工作，会赋予一台陈旧的机器以灵魂，并再次回归到人之初的进步状态。

B.Kueng
2017.5.2.

第四篇

天时

别人沉默恰是你呐喊的天时。

第五篇

冠军背后的冠军

　　自创立以来，美美就秉承夏尔巴精神，帮助别人快乐自己。

　　美美咨询安分守己，不出界、不破界、不越界、不占界。

　　以打造行业冠军为使命，以结果、执行、专业、共好为核心价值观。

　　以坚、善、行、思、真为企业人才观。抱中守一，坚定不移，努力做冠军背后的冠军。

第六篇
关于企业愿景与使命

　　一旦种子被埋进泥土，向上的力量就占据了世间最长的时光。

第七篇

艰苦奋斗

唯有艰苦方可保证奋斗本色，唯有奋斗方能实现革命长存。

祈福美业与山河齐寿。

——老钱西柏坡采风思美业

第八篇
战略管理

　　战略管理是一个从整体上决定一个组织长期成果蜕变的学科，它将确定一个企业的发展方向，构建企业的核心竞争力，并最大程度地整合企业核心资源与核心能力，创造企业长期竞争优势与独有顾客价值。换句话说即从未来看现在，从现在布局未来。企业的倍增路径和倍速增长一定不来源于短期盈利而一定来自于前瞻性的战略规划和顶层设计。

B.Kraug

第九篇
2012年服务业成本危机

　　中国一、二线城市，房租三年翻三倍，人力三年翻一倍，装修成本三年上涨60%，货品套盒化、项目化上涨50%，与全国服务业一起，美业遭遇成本危机。外部有危机不算危机，内心顽固不变和消极发展才是更大危机。我辈使命在身，必将坚定信念，锐意创新，努力推动中国美业变革与发展，"定律2012"以无限热情迎接这次挑战！

第十篇
双化

早在十二年以前，老钱在美业提出"生活美容医疗化，医疗美容生活化"，这个主张，即希望生美有医美的流量思维，医美有生美的存量思维。

第十一篇
新常态

　　2017年美业进入新常态、"小时代"。美业新连锁企业四大特征：

　　【轻】轻资产+大数据+中小单体。

　　【薄】差异化+低成本+去中间化+大规模。

　　【智】自助化服务+高复制内核。

　　【值】功能化，解决问题+高性价比（以产品塑造品牌）。

第十二篇
美博会

　　美业因为美博会的推动才取得了行业巨大的发展，4000万就业人群永远感恩马娅会长为行业所做的巨大贡献，和她几十载的艰辛付出。

第十三篇
发展的先决条件

　　文化变革是改变企业发展的唯一先决条件。

　　海南红瑞红妆集团文化大变革，中国美业首部文化书籍问世，中国美业首次企业文化运动启动仪式，代表着一个行业意识升级和新持续的开始。

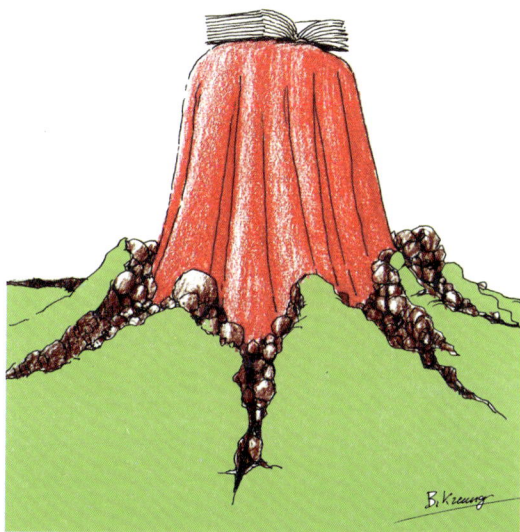

第十四篇
不倒翁精神

　　郑明明，拥有不倒翁精神的美业领袖。我和中国美业近两千人一同参加香港蒙尼坦五十周年庆典。一个企业、一个人物可以开创一个行业，并辉煌立业半个世纪，是绝对要人佩服的！她就是凭借不倒翁精神，五十年屹立不倒。开创中国美业纹绣史、美容史的郑明明教授，在五十周年致辞上说："人生会遇到很多失败和困难，但是你倒下就要马上起来！要做一个不倒翁！"老钱听后前所未有的震撼与感动：财富不是目的，榜样就在身边，贡献超越所有幸福，生命价值终现眼前。不倒翁精神是我们共享的美业力量。

第十五篇

电影《美人邦》

中国梦，美丽梦；创业魂，行业魂。

老钱参与中国首部美业院线大电影《美人邦》（巨邦公司制作）的策划，为行业文化发展代言。

第十六篇
好声音

真声音就是好声音，好声音就是大声音。

传播美业正能量：卓锦万代、窈窕淑女、好木成林。

——美美咨询北京千店《好声音》大课有感

第十七篇

《如果爱可以重来》

　　开创大美业新文化先河，美联集团斥资两千万，老钱策划，以美联女王创业史为素材，拍摄《如果爱可以重来》电视连续剧。本剧在十三家卫视黄金档热播，首播浙江卫视中国蓝剧场，同期卫视热播剧排名第二。品牌制胜，文化搭桥，美联女王气贯长虹，影响深远。

B.Kuang

第十八篇

幸福企业

　　幸福型企业的构建，来自不同的幸福观，更来自于一个"我付出，我快乐"的企业创始人。从幸福企业到快速发展的越努力越幸运，文化内核决定成长外延。

——天津威莎世纪战略规划有感

B. Kuang

第十九篇
轻医美

　　轻医美：店面轻，运营轻，客户体验轻，获客通道在空中。德尔美客是中国首家轻医美连锁，它的创始人是李涛，他提出了互联网+轻医美的医美行业新业态。属于携程+如家模式，把线下好的美容院整合起来，它来进行流量分发，进行统一的品牌、采购和服务提供。既能够像正规的医疗美容那样规范，又能够通过轻治疗、轻服务、合理价格覆盖更多年轻人群体。本质上，就是用互联网的方式，做一个医疗美容与生活美容结合的品牌。

　　老钱是德尔美客的战略顾问，大医美渠道出身的李涛对老钱说了一句话："未来德尔美客越大，薇凯越小。"

第二十篇
2012新医美

　　新医美运动来袭：医美小成本战略、医美非对称竞争、医美客户价值管理、轻医美连锁化发展路径、医美营销创新。思路洗礼，经营思变，当医美遇上新医美，三思而笃行。

　　——老钱在美美咨询与薇凯国际联合举办的《新医美凤凰论坛》上有感

第二十一篇

"80后"断崖

　　对于美容专业线，我们必须深切关注"80后"消费群体，尤其是"85后"消费群体。对于这一群体，她们具有断崖式的品牌归属；她们具有断崖式的消费需求解读；她们具有断崖式的消费行为改变；她们具有断崖式的消费价值判断；她们具有断崖式的沟通渠道转化。如果我们不能真正有效地认知、接纳、迎合、融合或者跨越这一群体，我们所经营的企业与品牌也将在五年内遭遇断崖式的下降乃至覆灭。

第二十二篇

2013蚂蚁进城，大象下乡

　　老钱说：随着城市服务业成本的改变，消费认知阶梯化的发展，生活美容连锁呈现"蚂蚁进城，大象下乡"的主流发展趋势，即中小型专业门店在一、二线城市发展迅猛，中、大型综合门店在三、四线城市发展迅猛。

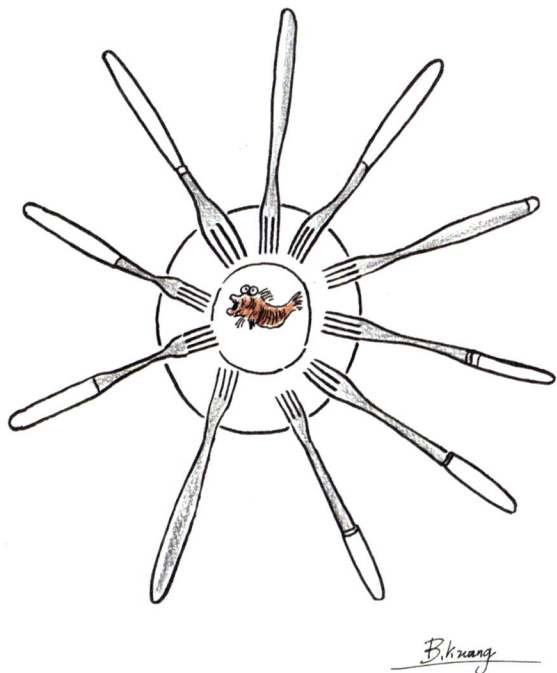

B.kuang

第二十三篇
生活美容业产能过剩

中国生活美容美发店，三十余年发展到超过一百五十万间，今天面临严重的产能过剩。这种产能过剩直观反应为：普遍客源不足；基础就业人才短缺；行业平均盈利水平下降；行业向高端极端化盲目升级的四个可持续发展瓶颈。

——老钱做客SOHU网，畅谈美业健康可持续发展

第二十四篇
行业冰冻期

　　生活美容业进入行业冰冻期，在这个周期那些没有定位差异化和赢利领先性的企业切莫盲目扩张与发展，否则你的企业会率先进入严冬期。

　　——老钱参加2014中国美容SPA领域峰会，在《一虎一席谈》论坛上观点鲜明

第二十五篇

万花筒时代，美美只做孺子牛

近日，坊间有传闻，某某项目公司有美美入伙。

听后，不禁微微一笑。

君子爱财，取之有道。如果美美和别人还有些不同的话，那就是我们更愿意笨一点做事。这些年来，伸来的橄榄枝的确不少，公司内部也有些弱者喊苦喊累希望可以赚钱更容易些。但美美的态度却从来没有动摇过，say no！

坚持其实不容易。纵然你坚善行思，踏实勤奋，靠专业说话，靠客户结果赢得尊重，一路向前，可别人却未必懂你。当然有人瞎猜，这也难怪。环顾四周，曾经信誓旦旦的教育公司、策划公司大多露出全力掘金的本性，有的靠教育招商做产品，有的偷偷做医美幕后老板，有的进军互联网，有的开始卖医美材料和专家。就我来看这个现象，也许，这些企业在生意上短期是成功的，但长久则未必。人的事业是个马拉松，在每一个弯道处，前后的顺序都会有所变化，但最终跑到底的当是最有毅力的人，而不是某一段跑得最快的人，最后的胜利一定属于最有毅力而又没跑错方向的人。

事业的是非成败，就像那段关于恋爱的流行语：有些人，一旦遇见，便一眼万年；有些心动，一旦开始，便覆水难收；有些感情，一旦眷恋，便海枯石烂；有些缘分，一旦交织，便在劫难逃。

美美钻研策划十年，能干什么不敢说，不能干什么却一直清楚得很。面对纷繁世界，美美坚持抱元守一，淡泊明志。面对诱惑，我们不改初心，不把客户当成唐僧肉，不为五斗米折腰。无论环境如何变化，美美人只做分内事，只吃规矩饭。我们恪守坚决不干任何产品和医疗材料，我们坚决不投股任何医美，我们坚决不玩圈钱游戏，我们坚决不做整合变现，我们坚决不卖资源，我们也坚决不赚快钱；而是真心把客户当衣食父母，专业制胜。倾我所能，尽心尽力做个德艺双馨的好顾问、好老师。

蔡元培说："教育是帮助被教育的人，完成他的人格，于人类文化上能尽一份子责任；绝不是把被教育的人，造成一种特别器具，给抱有他种目的人去应用。"从一入行蔡先生之言即为我之信条，不敢造次，时刻警醒。

什么都可辜负，但决不可辜负信任。能让别人记住并信任的，我们称之为品牌；能对一个事业长期的坚持、投入和不为其他诱惑所动，我们称之为品质。

追求有品牌和品质的事业，人的一生，只要全心投入一次就够了。

美美奋斗不息，十几年成为中国大美业策划与顾问咨询的领导品牌，不仅源自有信念相随，更源于对行业规则的尊重和对专业的敬畏。

美美有训：认真爱，有专业；定住心，博精深。水的清澈，并非因为它不含杂质，而是在于懂得沉淀；心的通透，不是因为没有杂念，而是在于明白取舍。美美的训条虽然看不见、摸不着，却实实在在地推动着企业的发展。

人最恐惧的其实是没有方向感，而梦想能够让你看见别人看不见的地方。

行百里者半九十，唯我为坚持梦想而快乐。

万花筒时代，美美咨询只做孺子牛，并将一直硬气地走下去。

第二十六篇
2015——不平凡的一年

老钱说：这是不平凡的一年，行业变迁，沧海桑田，半年辗转，2015年美业的暗流涌动十大关键词。

1．转向。大型直营厂商舍弃大店重启代理商系统，主攻中型店；大代理商启动战略店模式，美业专业线中型店受推崇。且看爷爷、孙子被冷落，哥哥、弟弟好吃香。

2．套盒。院护被厂家套盒全部替代，门店产品消耗成本翻三倍，美容院原来储值卡系统报废，现金流骤减。

3．抢人。美容上门服务，美业上演抢人大战。惊觉者没有商业模式却盲目上马。没有后手不知能否成功，O2O让很多区域霸主率先挥刀自宫。

4．刹车。综合店全国停止扩张，开新店被当作异类，大型新开美容院高大上投资装修位列美业2015"十大傻"之首。

5．逆袭。微营销大手笔杀入专业线，一个朋友圈让美业基础员工开小差；有传统医美大力发展渠道营销；海外抗衰老扫荡行业微整形；全国12万家产后护理店成2015最多新增业态。

6．腰斩。渠道大医美爆发进入红海，新小渠道公司多如牛毛！大医美客单价腰斩，量增质降。

7．空城。全国一、二线城市美容院到店率崖坠，有其八亿产值的某大连锁企业免费送面护。

8．游医。悦氧尚未兴旺，百万家微整工作室已占据"80后""90后"朋友圈，玻尿酸很近很无常。

9．手紧。莆田系大战百度，根由服务业成本上涨，传统大型医美企业弃大营销靠顾客满意度，是梦话还是现实？

10．攀升。综合店连锁做医美和产品忙；快捷连锁扩张加速，产业链发展席卷全国。

十大关键词，似乎和你记忆中的美业画像不一样，身边天翻地覆，看谁执迷不悟，试问隔壁老王谁要歇菜？

第二十七篇
专业来自以客为尊

　　老钱在台北著名火锅海峡会馆用餐，深感专业的力量。其不同以往火锅店的粗放，食材一级棒，规范标出火锅不同食材的涮制时间，还有计时沙漏！海鲜、肉品、熬粥、甜品四道用餐分段，中途还有二波专家指导介绍食品，与食客互动！专业十足。究其专业，表面为细节制胜，实为以客为尊，以顾客体验为荣。联想至美业连锁，何时能到此等专业水准？疗程项目与众不同，每次服务能够留下非凡印象，绝非产品粗鄙，销售为核，厚此薄彼。

　　专无止境，无比期待。

第二十八篇
空间

　　空间决定一切。未来的竞争不是资源的竞争，不是营销的竞争，不是产品的竞争，不是团队的竞争，不是推广工具的竞争，而是占据的竞争！谁用什么占据了消费者的心智、快乐、习惯和时间，谁终将获得巨大的空间而非赢得某一市场。

第二十九篇
演化

老钱说：2013年通过全国美容行业代理商服务商收入结构与利润来源分析，中国美业专业线已从传统品类发展至医美光电项目化占主导的市场产品品类趋向，其中，中间商对连锁门店的项目化服务已经成为行业的主流趋势，目前代表中国美容行业的中间商已经从传统品类的膏霜体，过渡为项目化的合作公司和项目化的运营公司，以及项目化的服务公司。

Bikwong

第三十篇

阳光灿烂星期一

武汉美发业宣布：全业周一休息。牵头倡议的发源地、椰岛、名发世家、水晶之恋、永琪、长生堂、雅梦天骄、明星、经

典、时尚印象、时代印象等美发美容连锁企业郑重其事：周一休息，基本工资照发。武汉市美发连锁店遍布全国各地，数量7200家，规模居全国第一，行业此次"惊人"之举，属全国首创。

对此老钱评价如下：看似为员工谋福，可能实为无奈之举，因为即便休息也可轮换，不必关店。美发行业现状：

1．整体产能过剩导致行业利润下降，美发行业正危险地从现代服务业转为传统低利润行业，多靠储值现金流存活。产能过剩减产就如同奶农把牛奶倒进河里，实为保价之举。

2．小工要休息，缘自行业基础就业人才逐年递减。行业失去入行吸引力成因：自主创业机会越来越少；行业薪酬逐渐失去竞争优势；行业地位不高，"90后"越发追求自我感受。

3．行业区域能够统一做一件事，是行业危机下老板阶层巨大的进步。

又有人问，会不会有美容行业企业跟风呢？

老钱认为，任何福利皆缘自能力，有些决策，有能力才可以下。美容行业日子尚可，但好时光也来日无多，在最好的机遇下时间就是金钱，效率就是生命，成本上涨高压只能靠满载（洋快餐多已实行24小时不间断营业和大力发展外卖业务）方有些许缓解。轮休本来就有，全店休息如何得空，如有发起者名为助业，实为行贼；如有追随者绝大多数实为无所事事，无可奈何之辈。老钱倡议：有能力发展的企业，请让星期一热闹起来。

第三十一篇

2016——危机与创新

B.Kuang

　　早在2015年，老钱说：2016年大美业的巨大生存危机，是绝大部分行业企业都躲不掉的了！而且这次，一切都比历史上的各种困难都来得更加猛烈和彻底。环看四周，创新来自进步的渴望，守旧源于自我满足的压制。凡事有因必有果。成王败寇，2016在此！

B.Kuang

第三十二篇

细分

　　无论你从前是何种行业与业态，悄然间，专业店细分时代已经到来！就像这肥螺庄，一款螺丝鸭脚煲火遍全柳州，30米之内四家大店林立，顾客排队到天明。好生意和坏生意的本质区别一定在供给侧，那些毫无专业只靠厂家营销的大型综合店啊，当客流日趋减少的时候，老板该去吃个夜宵补补脑了！美业新常态，你成别人的菜。

第三十三篇
返款卡

近两年，门店连锁成本剧增，新客源断层。正因为如此，行业歪风日起，自残现象蔓延。老钱炮轰顾客巨额返款卡模式，消费充值返现，顾客变股东、金融美容院都是饮鸩止渴。高成本借贷苟延残喘，假合同欺诈顾客，害人害己。连锁健康发展未来很美好，切莫透支现金流自掘坟墓。

第三十四篇
分水岭

B.Kuang

　　"临危增殖"与"无奈放空"并存的时光。无论是何原因，时至今日，中国大美业发展增速进入十年来最低谷。危机重重的环境，引发更加危险的心境。由此，美业出现四多一少的怪象：跨界投资多，联盟壮胆多，盲目转型多，沉沦放空多，而沉着坚持的坚定者少。斗转星移，事业追求与财富追求开始分水岭。

　　大美业在不知所措中走进"临危增殖"与"无奈放空"并存的时光。

第三十五篇
隔街死

　　一条马路对面两间店，装修差不多，规模也相当，街对面店没顾客，这边店排队取号30余号。老钱认为：谁懂消费者，谁就顾客盈门；谁只懂自己，谁就门可罗雀。定位定的是消费者的需求价值，定位的目的不是自我陶醉。

第三十六篇
一碗面的坚守

　　到台北，当然必吃一碗地道的台湾牛肉面。在台湾纵横百余个牛肉面品牌，很多都有好几十年以上的历史。这些面馆，无论风云变幻，荣辱贵贱，他们默守街角，只专注于一碗面，用香醇厚实的牛肉和乐此不疲的情怀让你细细品尝，慢慢回味。而纵观国内那些阴阳怪气的小朋友们，其唯感受为尊，唯利益是图，跳来跳去，换而又换，难有一分爱去积淀，也更难有一碗好面的热气腾腾。凡事无对错，只有恒久与过眼烟云，面如此，美业亦然。

第三十七篇
老钱痛批中小企业老板与高管的十大妄念

1．自己脱离一线，希望借由股份制和所谓的管理系统来实现持续经营。

2．希望通过一个革命性的项目改变经营现状。

3．认为管理团队在业绩结果最高峰时心态最好。

4．认为美容和医美是刚性需求、朝阳行业；认为自己在做大健康产业，所以企业一定长久。

5．认为消费者心理与自己一样永远不变，看不到新消费群体带来的新机遇与新挑战。

6．过度学习忽略自身的资源和特质，迷信模式，盲目复制。

7．认为别人成功了的方法就是成功的方法，不去实事求是。

8．认为现实又不能太现实，未来又不能很未来，时时犹豫不决。

9．认为自己是大爱的化身，又无从爱起。

10．认为进才对，退必错，攻必胜，守必败，不能审时度势战胜内心。

以上皆为妄念。

第三十八篇

老钱对美业高管的十个告诫

告诫一   管理者在自我满足和充满自恋的状态下最容易不知不觉感染了歪风邪气。

告诫二   不喜欢别人，别人一定也不喜欢你。管理者感到不喜欢团队和同僚的时刻就是一意孤行导致自我孤立的时刻。

B.Kwang

告诫三   管理者感到孤独空虚，那意味着他已渐渐失去创造的激情，这种失去追求进步的状态就像出土的木乃伊一样脆弱。

告诫四   一定不要被激发才去拼命，否则你的上级把你当成必须永远关照的小孩子。

告诫五   高管要尽量控制专权，多沟通，多协调。如此这般会把同级高层环境打造成一个更持续安全的空间。

告诫六   永远记住不要把过多的复杂因素带给企业，否则必有祸端。企业不是党派，企业要的永远是利润结果，好的企业永远只需要持续勤奋向上的简单正能量。

告诫七   越到高层越要保持谦虚谨慎的作风，如履薄冰地提高对上级指令的执行力，否则会经常被上级领导误解年迈不中用或居功自傲有反心，视作老古董、发展绊脚石、心中刺。

告诫八   时刻提高警惕，自我约束，绝对不能容忍自己脱离一线和脱离群众，这样的话会让自己在虚幻世界里提前结束高管生涯。

告诫九   真诚面对一切，做得好要真诚，做得不好也要真诚，胜任要真诚，不胜任也要真诚。做到一定层级，心往往比事儿重要。只要心里肯负责，就对得起自己的初心。

告诫十   与企业相同的理想和愿景是高管的最强管理武器，它的力量大约是兄弟情感的一百倍和实现财富的一万倍。老钱真心希望更多美业企业的高管更快速成熟起来，全力推动美业的职业化进程。

第三十九篇
瓶颈期

所谓的瓶颈期是什么？大部分其实就是你自己变得越来越弱，还不承认自己弱；你已经变得越来越懒，还不承认自己懒；自己越来越软，还不承认自己软……久而久之，你已不是当初的你，你自己封死了发展的路，并由此灰心失望，还有一大堆原因和理由去嫉妒与憎恨，其实这些感觉都是来自你的内心，来自于自我价值的认知和定位！一件事你做不到，世界上一定有别人可以做得到。从来没有瓶颈的事，只有内心没有梦想追求和不再渴望进步的人。

第四十篇

若戴王冠，必承其重！

亲眼看到身边很多巨星企业正在快速陨落。深深领悟：企业之没落皆源于企业老板的精神家园贫瘠，其起心动念已决定终点和周期。

走过人山人海，有情怀的企业家有几何？有追求的创业者有多少？纵观美业，起起落落，沧海桑田，前仆后继，似即刻绚烂的野花。

B.Keung

仰望那些真正的企业家，其不以物喜，不以己悲，穿越荣华富贵，不忘使命在身。恒永践行，从容用心，大道无形，方是真英雄。

生意家是生意家，企业家是企业家。

B.Kzung

第四十一篇

老钱说：硬骨头是怎样炼成的

　　他们不看眼前得失，和企业同呼吸共命运；他们始终忠诚，哪里有困难挺起哪儿；他们目标远大，一放手就能独立打出一片天地。他们，是企业可以长期依赖持续共好的人。这样的人，我们称之为企业团队里的"硬骨头"。

"硬骨头"的炼成一：思想远，才走得远。我们首先在思想上培养硬骨头，"能把企业利益高于个人的信念"，当思想发生改变，他们就会有力量在荣辱得失，悲欢离合之间辗转仍坚定不移，持续发展，恪守使命，确为栋梁。

"硬骨头"的炼成二：培养硬骨头，就给他去"树荫"，让他暴晒不缺钙。让他向磨难要能力，让他向委屈要胸怀，让他向无助要智慧，内心快速走向全面成熟。

"硬骨头"的炼成三：培养硬骨头，要对其授权超越其当下本领，并苛刻要求，努力塑造其独立创造、顽强不屈的品格和追求实现、百折不挠的钢筋铁骨。

过客式人才常有，"硬骨头"人物难得，而企业有了几个真正的硬骨头，这组织就有了脊梁。

第四十二篇
好策划的灵魂

"求是、直觉和逻辑"是好策划的灵魂。

路曼曼其修远兮。

见案例，见自己，见天地，见众生。入策划行十九载，一路执着专业，心无旁骛，向内苛求，我艰难地徘徊于第三阶的门口。

作为一个策划的努力实践者，回首前尘过往，每一步都布满荆棘，坎坷丛生。总结十九年的不断成熟、进展和突破，都在于坚定一个工作守则："忘记模型，看清情形；关闭电脑，开动人脑；斩断感受，研磨着重与排序。力求心境纯净无染，淡然豁达，无欲无贪，无拘无束，坦然自得，不着形迹，超脱一切，不可动摇。"坚守"求是、直觉和逻辑"——好策划的灵魂。

求是

实事，是所有策略的唯一来源；求是，是策划的至上心法。做好案，必须永不屈服压力，诱惑前仍不改本性。真正拿起责任，就是设身处地把自己当雇主；真正担起责任，就是拿良心去执案。

实事，必须把自己扎入一线，勤奋地掘取现实的营养，从数据分析寻突破，从焦点访谈找方法。尊重企业，尊重人性，尊重前提，尊重历史。

求是，忘掉电脑里的系统和资料，它是扼杀巨大成功的刽子手；忘掉曾经无与伦比的模型，裹足不前重复模型的人往往没有任何价值；忘掉自我感受，一个特别在意自尊的人往往是一个缺乏责任感的人；忘掉经验，一个好强加意志的人一定会带给企业空前的风险。

能成功的创意才是好创意，持续的结果是检验一切的唯一标准。

要求是，先忘掉；要塑造，先推翻。

能飞的直觉

最成功的案例突破永远来自直觉。当执案之时，只有清空所有，策划人方获自由之身，自由之身当能向自己的思维深深求索，深深求索，思想的动力隆隆发动，每一案似重回童年，光着脚丫在沙滩上无束缚地奔跑；每一案似穿越时光，白发苍苍拄于时事沧桑中推断。"深入思考、反复推敲、当机立断"，这充满魔力的好习惯，扫除一切框架，捕捉你大脑千丝万缕中最具生命活力的一念，在此念徜徉中感性碰撞理性，进而迸发出成功创意的光芒。道通天地有形处，思入风云变幻中。

能飞的直觉缘于一念，平衡于感性和理性的双翼。

逻辑将做最终的决定

只有掌控宏观思维、框架思维、重点思维、排序思维的思维模式，才能在复杂的策略指向中一箭直中靶心。好策划和坏策划的区别似良医与庸医，两者皆通药理，但施治着重与排序不同。道法术器，唯成一法。任何案例皆不同，又皆同。不同是实事，同的是逻辑。以逻辑执案成功创新层出不穷，以奇思怪想执案失败混乱不堪。无论何种惊天动地的想法，最终由逻辑来判断和决定。

策划有品行，医者父母心。

好案的快乐

好策划，执好案。好案总是成功图景清晰可见；好案总是连通未来畅快淋漓；好案总是扫除所有疲惫快乐无边。若你苦难，若你疲惫，若你贫寒，那么，所有这一切都是你和好案的距离！好案只会给你带来坚强、自信和快乐！当你成案后耐心地去品味这种快乐，你会发现：这种快乐不是什么改变行业，而是用事物的本质去创造结果；这种快乐也不是什么征服一切，而是用智慧、勇气和仁德与众生和谐相融；这种快乐更不是仅仅得到富足，而是拿一生去感受创造价值的幸福和收获成就的温暖。

坚守"求是、直觉和逻辑"——好策划的灵魂；践行"帮助别人，快乐自己"的使命；深爱策划，用心创作有灵魂的好案。我是钱浅，我在美美咨询。

第四十三篇
半永久

　　纹绣看世界，世界看中国。世界纹绣大会五千七百个纹绣师参会。半永久的火爆，代表着"85后"新群体的高速崛起，说明了行业变革永久，任何企业不做改革都是半永久。

——老钱策划世界纹绣大会有感

B.Krung

第四十四篇

企业是什么？

企业是常青树，企业不是蒲公英。

企业是为想要的人搭建的大平台；企业不是为不想要的人创造的高福利。

企业是社会价值的挖掘机，发展就是顺风车；企业是顾客价值的孵化器，财富就是秋天果。

第四十五篇
炒菜

　　老板做管理和经营，如同炒菜。花多少心思，用多大火候，关键看食材。所以优势资源当然向高成长单位倾斜，同时必须要考量各业务单元主官领导的发展意愿。

第四十六篇
少年

少年醒则企业兴，少年正则企业强。

——老钱对弟子班学员说

B.Kuung

第四十七篇
执行力

美美咨询，纪律就是执行力。

美美咨询创立十年，以执行力著称，执行力的首要来源就是纪律严明。

这个严明是指：任何指令下达后，从总裁到项目助理九个级别无论是谁都必须严格执行。

在美美的历史上，曾有一些人因为个人有些成绩就自我膨胀，不把公司纪律当回事儿，十年走过来，那些人都被平台自然淘汰，渐渐淡出了被鲜花和掌声包围的行业舞台。

个人是渺小的，强大是因为踩着众人的肩膀。而美美十年留下来的不光是精兵强将，更多的是企业的光荣传统。正是这些好的沉淀，才构成并完善了企业坚善行思的人才观，并构成了今天美美强手如云的人才梯队。

因此，美美严父慈母文化中的严父法则，永远不变，慈母关怀也要更进一步加强。而所有这些都将考验分公司管理层的情商、智商及综合管理能力。这正如我今年在金麦穗计划开篇所讲的一样。

什么是执行，就是你认为命令是错的，也要用对的心态去执行；什么是纪律，就是你已经很委屈了，也要用不委屈的心态去坚守。美美咨询的执行力是我们可以不断持续发展的根基。我们必将永远坚持下去。

第四十八篇
为客户解决问题是硬道理

　　我是个旅行美食家，十余年吃过两千多种全国地方名吃。在这些名吃中，菜式最高冷的莫过"椰子水就是天水"的椰子鸡汤。

　　常去海南，也最爱去吃海南的龙泉人椰子鸡汤，每次行程路过必去。去得多，也小有遗憾，就是这里每次服务都不令人十分满意，但这些遗憾每次都会被美食带来的巨大满足感所抵消而变得无关紧要。所以后来，渐渐想通，很多时候，一间好生意的椰子鸡汤店，有最好的文昌鸡和新鲜的椰子水就已然足矣。

观感美业，美业新主流消费者的消费行为，正从情感决定购买转变为功能决定购买，所以，作为主流连锁企业，服务做好八分就够了，定位定未来，产品能解决顾客问题是硬道理。

这不，现在我面前还是那香糯嫩脆的椰子鸡和那淳甜鲜淡的美味椰子鸡汤，全然无视那几个不被待见的服务员，孤胆英雄的一场大型战斗又要开始了。

我想，龙泉人椰子鸡汤这间店，过去我常来，日后也会常去。

第四十九篇
共赢

　　共赢精神的本质就是跨越精神，跨越的这条线往往用来区分该尽的本分和奉献。一般人只尽基本本分，不跨越本分去奉献付出，所以没有共赢，因而也少有贵人相助。能够跨越的人坚持吃亏付出，用长周期来算总账，所以实现了共赢。

　　私利者牵强，蝇头小利喋喋不休，终归是可怜之人必有可恨之处。共赢者富强，善待他人不求马上回报，最终总是能用尽天下可用资源，用尽天下可用之人。两者差别不仅在眼界，更在胸怀。

　　新时代美业人需要大胸怀，唯大胸怀可大富强。

　　我们必须共赢，实现更大富强。

第五十篇
美美咨询好顾问养成法则

1．大量阅读与思考，养成年轻的心和创造的欲。

2．宏观度量合作关系，养成心胸开阔，包容，感恩，淡交客户的眼界。

3．所见所闻之凡案皆师，养成勇敢执案大胆发挥的精神。

4．不停滞地实践，养成对现实环境的敏锐判断力。

5．深入调查事实状况，养成为客户提供真诚咨询的作风。

6．极力放大客户及其团队的创造性，养成集思广益的习惯。

7．忘记曾经案子的成功经验，提纯其骨架与精髓，养成条件反射般的逻辑思考方式。

8．热爱生活，品味点滴，养成用情感执案的核心力量。

9．不学习人，永远只学事，养成自我独特的风格和自由的主张。

10．拥有情怀和使命感，以滋养持续清澈的专业灵魂。

第五十一篇
纷乱的促销

今日美业似一个曾武功高强的人，自废专业武功，全身心去研习新的曼妙招法，是进步还是退步？

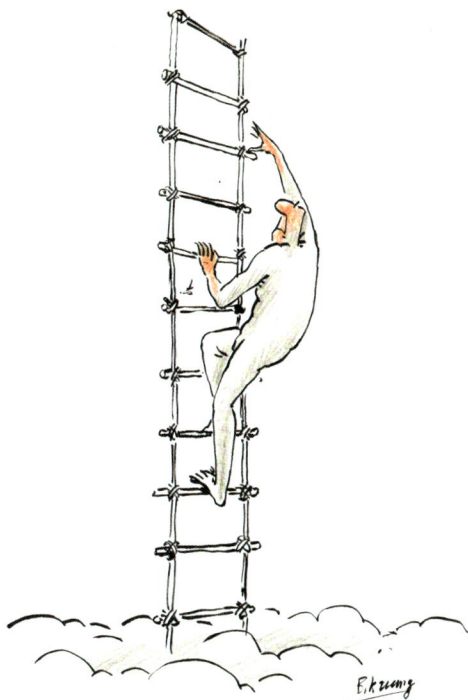

第五十二篇
进步

　　要为思变者铺设道路，只有进步才有下一步。马上更新你的知识系统，忘掉你N年前引以为傲的经历，走到行业最前沿去，发现新机遇，投入你的身心，聚焦你的本质，否则你将被行业发展升级所抛弃，所遗忘，所覆盖。

第五十三篇

美业 "中年危机"

美业发展快四十年，将至中年。中年之时，"放下"之论调席卷而来。老钱认为：从未拿起，无所谓放下；从未观透全貌，无所谓勘破玄机。处在什么位置，站在什么高度，决定了你是怎样的视野，即明道对错之间，只问你在哪里。

"放下"可能是暮年的添加剂，"放下"也可能是绝望的代名词，彻底能放下当值得众人敬佩，但放而不下却是更大悲哀。按说，该玩儿的年龄却假装做事，该做事的年龄又假装去玩儿。难道一个人坚不坚持，做不做事儿只跟钱有关？且看今时今日美业盛行四大玩儿：玩投资，玩大爱，玩信仰，玩小孩儿，嗟叹每一玩儿都在局面上消失了一位英雄。

如何打破美业创业者小富即安、半途而废、贫贱传承的牢笼，当有人爱美业，重事业，坚定执着，不顾一切。

大美业中年危机驾到！未经历地狱者，无资格等待下一个天堂。

B.Kzeng

第五十四篇
锐气

　　人什么都不怕，最怕失去进步与奋斗的锐气，最怕失去存在的价值。因为无论拿何种情绪和借口来掩饰托辞，一旦失去锐气，你定然会在落寞中走入越来越没有快乐的人生。

B. Kuang

第五十五篇
来来走走

今天来了，明天不要走；困难来了，勇气不要走；烦恼来了，快乐不要走；压力来了，轻松不要走；创新来了，继承不要走；财富来了，创造不要走；放下来了，拿起不要走；平凡来了，幸福不要走。

来来与走走，信念是推手；岁月空悠悠，来来与走走。

有信念胜一切，无信念被一切胜。

第五十六篇
度和度

　　郭秀宽总裁说，一个人彻悟的程度，取决于他所受痛苦的深度。我想，如果大家能一直用心体会这句话，它足以帮助很多人扛过迷失期，用时间去做出更接近真相的决定，走上另一个高峰。

第五十七篇
用心工作，开心生活

　　用心工作，开心生活。前者是后者的保障，后者是前者的来源。

第五十八篇
感悟人生

　　他是阿拉善创始会长。他为官清廉，从商是榜样，英雄一生，荡气回肠，亲手缔造千亿市值的国企商业帝国，患病时所用的特效药却是朋友凑钱资助的。刘晓光会长没带走分文，却给后人留下一片绿洲和无尽财富。沉痛悼念晓光会长。大地用青翠为他加冕。

　　老钱认为：今之美业众人，没有看过更多的人生，不足以判断人生。

第五十九篇
区别

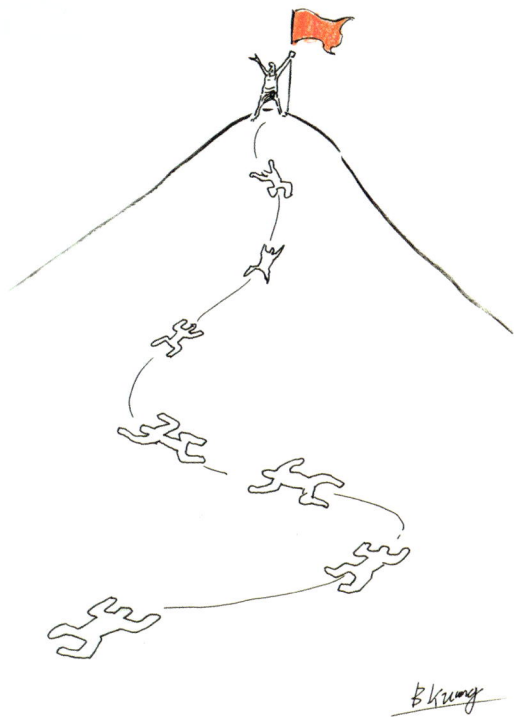

企业之间有何区别？能持续多久，就看它的企业文化。

有企业文化，就有人才的发展和改造。有人的不断发展，企业就可以持续。有人的不断改造，企业就可以创新。

人是最关键的，人的最关键则在于思想。岁月蹉跎，最终留下的，一定是信念统一的一群人。那些中途背离的，一定是远离价值观而背离了企业价值的另一群人。

为物为情，有始无终。半程走过，为财富、快乐、义气的那些情感沿途故事，风过云散后，不足以支撑一个再次相聚共饮的念头。

为念为信，前仆后继。即使耗费青春的悲壮，即使面对不断自我苛求的苦难，凝聚与成长总会相伴。

所以，一个企业足以兴旺，可以靠一群出身卑微的浴血兄弟，但一个企业若要长久地发展，只有靠一个坚定的主义和为社会奉献的精神。

其实，这不是企业家的高尚和智慧，而是绝大多数企业死而后觉的现实。

第六十篇
医美工作室之死角

美容行业历来都是高端媒体随性攻击的主要对象，如今披荆斩棘三十余载，励精图治中渐渐摆脱被歧视、误解和憎恶，艰难爬上平坡，却再次被地下医美工作室泛滥成灾拖进舆论深渊。诚然，越界医疗、伪劣药品等诸多"暗黑美容"频频引发"毁容、致盲甚至丧命"等悲剧事件，但主流美业仍然是立足专业，善美天下，助力和谐幸福的阳光之业，必须予以公正客观评价。

今日黑医美之乱象，责任首当其冲为监管不力；其次，为相关行业助纣为虐；第三为行业部分企业自私自利，并由三大因素构成管控死角，形成病毒繁衍之土壤。

死角之一：大规模无证玻尿酸假货才是传染源，执法部门只抓非法行医现形，不抓非法供应的源头，劳心费力也是杯水车薪，扬汤止沸。

死角之二：个别教育行业失其操守，成为传染途径。

学医要七年，地下医美注射师四天培训完毕，其现场实战课让人触目惊心，学员要互相注射练胆提功。此类培训，并非空穴来风，绝大多数培训机构却系出名门、名校、名企、名医。个别教育机构失其操守，底线突破，无以复加。

死角之三：上游玻尿酸厂商不作为。

玻尿酸年代，假者为王，上游厂商难辞其咎。那些苦熬六年，欣然批证上市的玻尿酸的厂家们，一不建立C端消费者品牌认知；二不根据市场趋势拉低价格打供应链整合战；三不做渠道深度管理，完全采用混乱开放式运营，林林总总逼迫医美机构玻尿酸价高悬空，真当假托儿，无奈惜售，并纷纷转向自体脂肪等品项。

死角之四：法律空白。根据《刑法》第三百三十六条的规定，非法行医罪是指未取得医生执业资格的人擅自从事医疗活动，情节严重的行为。而对于未造成严重伤害的非法行医问题仍旧是法律上的空白。同时，即便认定为非法行医罪，也存在量刑处罚过轻的问题。

以上死角,当有人去恪守职责,力尽本分,真抓实干,切莫刻舟求剑,本末倒置。否则即应南怀瑾先生名言:人生有三个基本错误不能犯,一是德薄而位尊,二是智小而谋大,三是力小而任重。

同时也衷心希望传媒界平心静气,经达权变,惩恶不忘扬善,还大美业健康发展空间。如若不然,那就是全社会之悲哀了。

第六十一篇
医美工作室之决胜

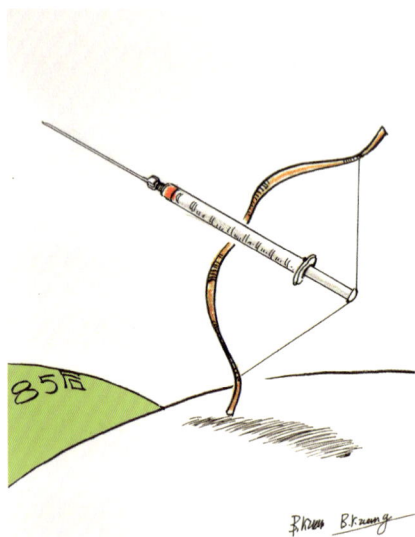

　　大型整形医院卖的玻尿酸和医美小工作室的玻尿酸究竟有何区别?

　　当然有区别:你真的多,他假的多;你安全,他不太安全;你合法,他有的不合法;你正规,他不大正规;你技术好,他技术差;你有品牌,他没品牌。

　　那结果又如何呢?

　　你卖的玻尿酸量少，他卖的却多。全国医美小工作室一年玻尿酸的销量支数约是正规医美机构的十倍以上。

　　事实为什么是这样？别一脸大写的懵，没听过理解万岁这句话么？缺客人吧？没流量吧？玻尿酸滞销吧？传统医美不能转型成功的根本原因是，他们心里面一直被一群中老年妇女占据着，落下病了，完全没有看到现实的另一面，85后消费群才是医美客源的80%！因为没看到，所以更加没有找到针对新群体"平价和快捷"这两大决胜要素。

　　老钱说，很多话说起来有道理，实际却没用；有些话不太讲道理，但现实却非常有用。比如，新生代完全不循规蹈矩，她们具有先进的消费观念，有着向往自由的强烈意识，她们去打玻尿酸和喝一杯咖啡没啥两样，"85后"的小朋友才不管安全不安全，技术不技术，合法不合法，正规不正规，只要价格够合适，能有效果，还简单直接，说来就来，一个来了，就闺蜜成群一起来。

　　小时代来了，老家伙该留神。不管你有何优点，消费者却只关心她的买点！市场的结果往往是公正的，谁懂消费者，谁才是真的；谁不懂消费者，谁就成了假的。运营C端市场，意识输了，无论多强大的背景都是不可能赢的！那些正规医院老板们，且忘掉高价非手术让你日进斗金的过去，忘掉那群渐行渐远的中老年妇女所需要的噱头，忘掉科学流程的繁文缛节，重拾童心吧，立足当下，快速去决胜医美超高普及率的"85后"大众市场！

　　记住硅谷有一句格言：Keep growing, fuck everything else。

第六十二篇
医美工作室之白与黑

追问"90后"整形达人为什么多选择医美工作室？

答：1．开工作室的都是同龄人，同龄人懂我们的STYLE，无论是网红脸还是芭比鼻都是我们心中的自己！

2．朋友介绍朋友，操作流程简单，一个圈子的人都在同一个工作室做，快速，容易，真实可靠！

3．高大上的医美机构，流程画着圈套你，一级推一级，宰你没商量！

4．大医院医生雾里看花，有技术，没审美，有审美，没兜底；工作室的医生技术有见证，对比案例也真实，花钱透明都在面上，觉得值！

所以我们都爱去小地方，不爱去大整形医院，因为总体评价一句话，小工作室"暖心"，大整形"太黑"！

这几年间，医美工作室抢了年轻客源，来个黑吃黑，好像得了势；但链条似乎到此尚未结束，还有第三方势力在上演黑吃黑吃黑。

这不，有创客小白自述说："微整工作室天天走在法律边缘，国家严打，抓进去就得吃牢饭，还有打针碰瓷团伙，打一次针就能口眼歪斜讹诈几万几十万，不敢报警也没处说理，辛辛苦苦赚来的钱一夜就能回到解放前！"自己再没日没夜干也没碰瓷儿行业发展快！最后痛定思痛，前有狼后有虎，还有媒体瞎咋呼，与其担惊受怕，不如一了百了：办证开诊所，走向正规化，手里客源一大把，医生也不缺，咱不怕不发家！

你瞧，很多医疗机构不是以顾客价值为中心，而以企业短期利益为中心，因为"黑"，三无小工作室才能有空间黑吃黑；又因为工作室潜伏在地下见不得光，又被碰瓷的黑吃黑吃黑！这样几番角逐下来，结果行业有所变化：大型整形医院竟然开始注重顾客满意度，医美工作室竟然也被逼上洗白的坦途。这些励志故事听起来真是挺让人凌乱的！历史总是相似的，但不是简单的重复，很多大产业都是由小作坊联盟发展起来的，很多行业也是从不规范到规范而成熟。英雄莫论出处，大和小都是一种力量，但无论哪种力量都要符合顾客价值规律这个正道。

医美行业，只有重本质，聚焦供给侧，我们的未来才能越来越光明！

第六十三篇
医美工作室之潮流

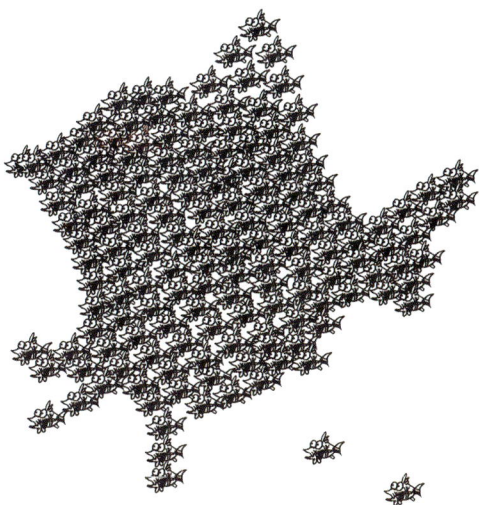

医美工作室这玩意儿刚冒出来时，没人把他们当成玩意儿，五年前，大众化大型整形医院的假想敌还是偷鸡摸狗的美容院。

就像大饼可以夹一切，时间往往改变很多东西。医美工作室这个玩意儿，真是个玩意儿，短短几年间竟然慢慢变成了四五十万余家之巨。他们分布在各个社区，而绝大多数潜伏地下，以最平易的价格，最简捷的服务，最殷勤的客情，没用一毛钱广告费，发发微博和朋友圈，就横扫不可一世的莆田系，抢了全国轻医美年轻客群的大半个江山，控制了整个轻医美市场的价格，而工作室中也不乏大量李鬼转正者，还连锁渐渐成了气候，并由气候演变成了潮流。

五年前，老钱说过，未来服务业企业连锁的主流趋势是：又轻，又薄，又智，又值。医美工作室的崛起，看似国家规范不严，但实际上却是真正符合了潮流，需求是决定一切的根源。医美恐龙面临灭绝之虞，成千上万计的毛猴子即将夺走天下。就像滴滴几年打破了行业垄断，就像国产手机瞬间淹死了诺基亚，就像快餐业突然居于行业主流。

医美工作室们继续扩张和积蓄能量，并逐一洗白净身，登堂入室，引领潮流，突飞猛进，而且似魅影隐形一般，令人担忧和恐惧。

嗟乎！那些大厦里医美大企业家们，被自己影子打哭的岁月，日子是否有些难熬？

第六十四篇
自律

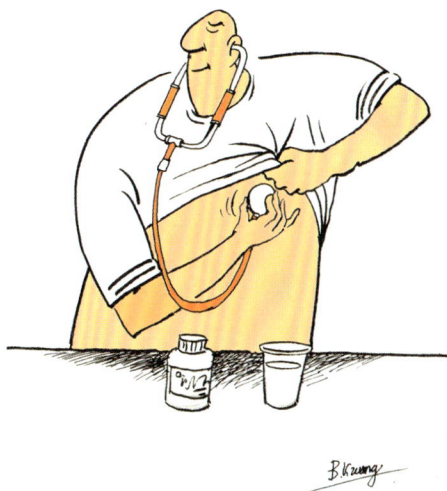

　　无论一个人还是一个公司，可以自律的原因只有一个，那就是有理想和追求。同理，无论一个人还是一个公司，可以谦虚的原因也只有一个，那就是心里怀着对别人的责任。作为一个创业者不要尝试堕落，因为会有向下加速度，直至永无翻身；也不要尝试沉迷，因为会有东西遮住双眼，失去智慧和本性，并渐渐没有了对责任的知觉。

第六十五篇
十步成沙

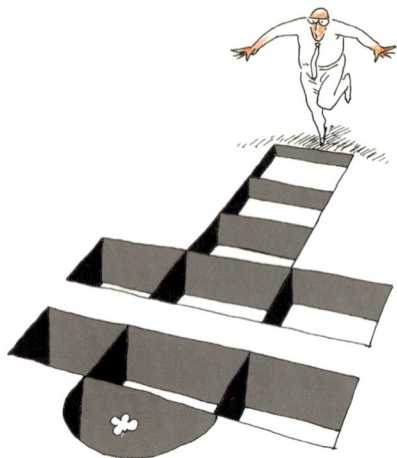

一个公司里明星员工的堕落全过程： 第一步，春风得意。第二步，骄傲到听不到和看不见，不想变。 第三步，懒惰、茫然并极度敏感脆弱。 第四步，落后，希望通过一个点子或一个方法发生大逆袭。 第五步，因为自己成果低而不敢深入管理团队，渐失权威。 第六步，抱怨，强烈指责公司环境，用对过去的情感回忆来痛斥现实。 第七步，消沉，逃避，转向追求其他类的自我实现、个人幸福，或突然依托某种信仰，貌似超脱成一个智者。 第八步，恐惧和极度恐惧。第九步，可怜。 第十步，外表骄傲的苟活，背叛或被淘汰。从第一步到第十步，始于第二步，全程只需六个月。

大浪淘沙，剩者为王，且看今天你在第几步？

第六十六篇
火锅英雄

　　人生，就像那热闹的九宫格火锅，本来一锅相同的汤，同一盘的菜，却在不同的格子里，分开不同的生熟，此时选在一个格子里的渐渐变得味道一样，彼时选不在一个格子里的渐渐变得远离和陌生。美业此刻，对于贡献价值至上的来说，人和人之间的根本区别是有梦想和无梦想；而对于生活价值和生存价值至上的那群人，区别是有情感和无情感。殊途陌路，自有祸福，全都一样。火锅已沸，且再来一盘极品牛肉触碰快乐吧！

B.kung

第六十七篇
痛杀野狗

学生问：老师于美业十余载，观各路豪杰成败起伏，那将一个企业做得更久的根本原因为何？老钱：不是经营与机制，而一定是企业文化。

问：为何企业文化之最关键？

答：使命与企业核心价值观。为求简捷洞明，今天特别要讲的则是价值观中的痛杀野狗。

阿里巴巴集团将团队中那些有能力但不符合企业价值观的人，称作野狗。痛杀野狗就是马上揪出那些野狗，并忍着巨大损失的痛，杀掉。

无观不立，无主不生。有无价值观，即有无标准和尺度。美业，人本之业；企业之毁，九成在于团队。美业很多老板缺少理想与信念，所以只看收益，不论团队的人品与德行，致恶念丛生，野狗横行。即使其有一天离开，或是疯狂地撕咬，毁了你几十年的构建；或是沦为可怜的人，自己不愿付出，却嘲笑别人为梦想而奔跑，变成身边超级负能量。

乌合之众，聚散无常。在价值观上，自己没有商业底线和良知，在用人标准上只求才，不遵德，毁灭是理所当然的事。纵观美业，价值观第一，警醒世界！

　　反过来看，对于一个只有物欲，而没有使命和追求的老板，其本身就是一条野狗，成功为偶然，失败则必然，即便乘势而起暂有所成就，终究一日会心灰意冷，强颜作幸福状，于社会、他人无益。

　　罗曼·罗兰：伟大的背后都是苦难！

　　老钱说：伟大之前的修行，心要靠近光明！

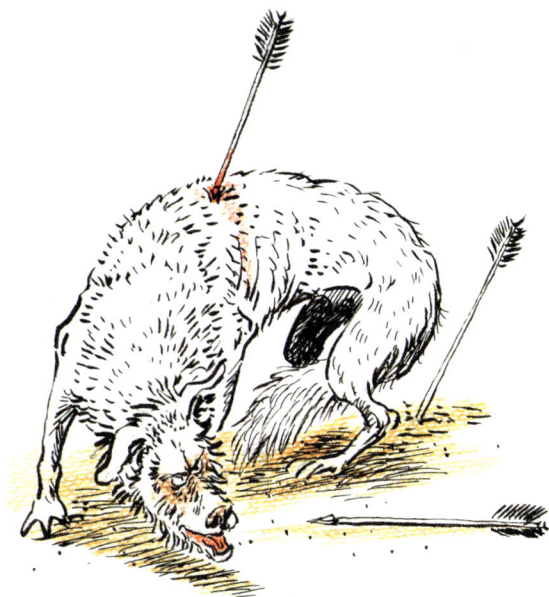

B.Kuang

第六十八篇
吃眼前亏

阅过美业无数老板与才俊,总体上分两类人:一类是坚决不吃眼前亏的,另一类是肯吃亏的。

B.Kung

　　不肯吃眼前亏的，锋芒毕露，凡事眼前的都要胜：眼前言语上要胜，眼前的谈判要胜，眼前事情上要胜，眼前利益上要胜，眼前交往上要胜，眼前面子要胜；每胜当必求绝境。

　　而肯吃眼前亏的，能恰当地做事留有空间和余地，别人胜他多，他赢别人少，窝囊有余，算计不足，从容和谐；每负则无关痛痒。

　　表面看来，似乎肯吃亏的被不肯吃亏的占了便宜，咄咄逼人简直成了处世之道。但是，负的学问一定大于胜的学问，长的学问一定大于短的学问。据我现实所见：长期下来，肯吃眼前亏的大多慢慢都成了大事儿，有环境，有圈子，有持续。而不肯吃眼前亏的，基本被自己挡在了眼前，聪明无比，事与愿违，发展有限。

　　迥异之选，肯吃眼前亏和不肯吃眼前亏却无对错之分，其由来只在于：要得够不够大，看得够不够远，想得够不够深。

　　欲望之外的，是理想；眼睛看不到的，是视野；双臂丈量不到的，是胸怀。理想、视野和胸怀可产生智慧和魅力，这两者都是可以区分和可以成就远大的基石。

第六十九篇
支持与拥护

要想有所成就，持续付出自然少不了。持续付出最怕三件事：一个是自己半途而废；二是选错了方向；三是家里人扯后腿。对于前两个，一般人无论如何艰难自己都能扛得住；但第三条，很多人无法更成功都是过不了家里人扯后腿这一关。

那么，做事业如何赢得家人的支持与拥护?

老钱说：家人是不是花那么多代价支持你，只看一点：你究竟是在做事业还是只为做生意赚钱。如果是前者，看到你对使命的坚定，家里人最终一定会尊重你的一切；如果是后者，你在家人心里没有一丝一毫崇高的地位，只要过了温饱线，家人会有一万个理由把你拉下马来。

家庭的责任很重要；企业和社会的责任也很重要，关于"谁可以支持和拥护你"，亦可先问问自己。

第七十篇
欲望

　　欲望可以让一个人原来心里没有的，变成有；欲望也可以让一个人心里原来有的，变成没有。欲望可以让一个人去看到原来看不到的；欲望也可以让一个人原来可以看到的，现在变得看不到。

第七十一篇

小，中，大

小生意看得失，中生意看时势，大生意看内心。

B.Kzeung

第七十二篇
道德标尺

　　更高的道德标尺永远来自更远大的理想与信念，所有这些不是靠自律约束和自我警醒可以实现的。因为短线的人会利令智昏，缺少底线，而长线的人则将超越现实，执着追求。

B.Krung

第七十三篇
流泪的狮子

我们看到的是岩穴里流泪的狮子，我们听到的是瑞士人内心流动的忠诚，我们触碰到的是一个民族坚定的博爱。

——瑞士琉森湖旁边，一尊雕塑让我如此感动

第七十四篇
旺客终结

美业客流大量下降，什么是解决客流的核心要素？

关于这个问题，美业经管学派多。

野兽派：无底薪绩效大棒，以对员工加大压力提升业绩，让羊毛一定出在狗身上。

B.Kreng

泼妇派：教育主导，课课大骂团队让其意识生成，管心态管成变态。

土豪派：高空、网电胡乱烧钱。

讨好派：拼命讨好顾客，赠来赠去直至赠出自尊。

事实上，通过N家成熟连锁焦点小组分析，新客来不来，熟客常不常来，能不能来，真正持续有用的在于门店运营本身，依次为：

1．顾客价值是否持续能满足顾客核心需求；

2．差异化定位是否形成拉力；

3．新群体触达通道是否打通；

4．价效比如何；

5．服务品质与客情可持否？

不管那个派，有最有派！

如有不信看看医院，看看春运车站，看看广场舞，看看菜市场。回归务实派，抓住本质，才是正派。

第七十五篇
敬仰

　　走上欧洲第一高峰——少女峰，3454米给我的感觉是头晕心慌，狂风夹雪像刀子般打在脸上，痛和恐惧油然而生。老钱说，没有走上一个高峰，你就无法建立对更高峰的深深敬仰，经历生发敬仰之情，敬仰生发攀登之心。

B.Kreang

第七十六篇

自我膨胀

　　长线or短线，修身是关键。看过许多曾经生意做得很好的老板以及一些企业曾经叱咤风云的核心高管，他们都因为自我膨胀而成为昙花一现的人物。当一个人开始自我膨胀的时候，往往自己是看不到的，但别人可以看到，比如以下的八种表现：

1．变得忘本。只看现在，轻念过往。

2．变得急功近利。利字当头，不想未来，没有底线。

3．变得不合群。争执增多，看啥都复杂，瞧谁都不顺眼。

4．变得喜欢说大话，并以此为荣，感觉可以战胜一切，只爱听顺耳的。

5．变得内心脆弱。非常情绪化，容易激动发怒。

6．变得自我。凡事论调开始都以我为中心，决策武断浅薄。

7．变得负能量。越努力越痛苦，抱怨越来越多，对工作和事业的热爱越来越少。

8．变得孤立。伙伴、朋友和环境发生改变，友谊的圈子越来越小。

人一旦膨胀，一般就很难踏实下来，过了一段时间后，内心就会腐朽变质，而整个人就从奇才变成了庸才。

修身是一辈子要做的事。

第七十七篇
美业专业线为何没有大企业

　　纵观美业专业线，几乎没有百亿级的大企业，甚至20亿都是一个绝对的企业天花板。美业专业线企业怎么做不大？为何没有大企业？老钱分析有如下三点：

　　1．"小强"，小强，因为太强而太小。不管生美还是医美，很多专业线企业做不大，根源在于只聚焦金字塔的顶端，受众群体太少，企业复制性太低。

　　2．人本行业遇上低素质从业人员。视野太小、知识储备不足的员工，依靠苦难的烙印拼个三四年是没有问题的，甚至还可超越常人，但再长的时间就难了。出身卑微、知识不足的从业人员，两个关口最难过，一是小富即安，二是唯利是图。所以，美业专业线企业做不大，是源于这个行业的中高级人才持续发展力不足。

　　3．顾客价值虚空。此点无需多言，现实无论偏离基本面有多大，终究还是要回归。靠虚空打造大型企业，自古南柯一梦。

　　看了以上三点，希望美业专业线老板莫恼、莫怨，心塞毫无意义。美业专业线不从本质上改变，永远不可能有大企业，也很难再有大发展。我们一起去心境开阔地等待未来。

第七十八篇
务实和务虚的区别

务实，搞懂多少干多少，边干边调整；务虚，不全搞懂就不动，总拿思路找等着的借口，看似精明却干不出结果。务实和务虚的区别在于肯不肯把干放在最前面。

B.Kuang

第七十九篇
起落

从武汉禾丽的衰败，可见渠道医美三级分销的逐步覆灭与没落。

从合肥凯婷V客理事会的走旺，可见渠道医美社群服务营销的迅速兴盛与崛起。

无论历经何种周折，事物终究要回归基本面，只在前端下工夫，不在后端做深化的方法都是本末倒置的方法。高级品牌、客情通道、过格服务、增值业务流程是高端医美的四大核心，那谁今天你做对了吗？

第八十篇

螃蟹

横行者终被束缚，比如螃蟹。随着营销能力发展的同质化，上游厂商未来比的一定是高业绩以外的能力。

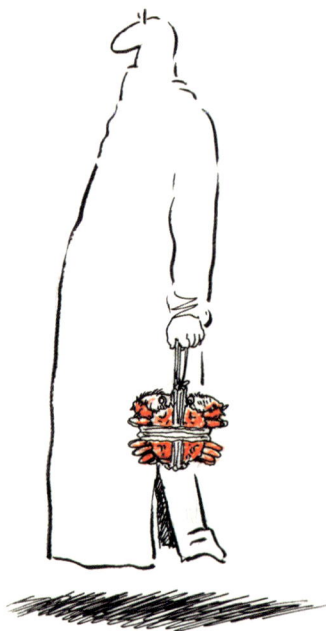

B.Kzeng

第八十一篇
心念

　　心念就是一切行为的起心动念。心念是种，一切变相皆从心念而起。故可见：罪由念举；德由心生；境由心转；果由心成。

B.Krumg

B. Kuang

第八十二篇

资源共享

　　第二届世界纹绣大会在苏州胜利召开，再破中国纹绣界多项纪录！作为连续两届世界纹绣大会的总策划，我在大会上对三千名纹绣师讲：内圣外王，内清外浊，具有匠心的手工艺者必须打破专业的边界，产业创新升级！向医美上游进行合作发展，实现资源对接，收益共享，以实力养技艺。终有一日，在世界纹绣舞台上，中国纹绣举世无双。

第八十三篇
传闻

　　最近网传百度要关闭在线医疗咨询服务，如果这不是恶作剧，而是真的，那将对美业格局产生巨大影响。作为民营医美的绝对主角，莆田系和百度合作，最重要的原因是百度的商业模式"流量分配"。今天，百度在魏则西事件之后，历经公众非议、改版、网络广告法三重劫难，虽流量效能下降近半，但仍每日贡献十五万的医美新客上门量。但如果百度关闭在线医疗咨询服

务，那么中国民营医美机构短期必遭重创。唇亡齿寒，貌似吃瓜群众的生美连锁，也会因为医美高空求美鼓动热潮冷凝而遭遇消费热点转移，那么，行业整体品类持续下滑拖累（比如2015、2016年的韩国本土医美市场坍塌）经营。

对行业，这不是一件好事。

如今，生美即将走到存量近头，医美即将走到流量尽头，而整体行业发展也进入瓶颈期，生美连锁深陷过度服务，医美机构成为投放瘾君子。

行业的快速变迁总令人始料未及，那么，今天是否已经到"双美融合，你中有我，我中有你"的超级整合时期了呢？从业态与资源互补上看，医美机构就如鱼苗的繁育行家，而生美连锁则在"长期高黏性"养鱼上举世无双，直客医美善于中鱼网捕，生美与渠道医美又完美呈现深海捕鲸。医美三万多家机构，生美150余万间门店，虽在质量上参差不齐，但数量上也算般配。

双美合璧，台湾地区是以小医生主导的产业升级为革新，其催生出大量轻医美连锁，三年消灭了台湾十万家美容院，现在看也略显后劲不足。我比喻这是火星撞地球，生成新业态，火花四溅，技术实现了进步，产业却出现了倒退。但是在中国大陆，双美从互通到互拥再到互为彼此，是否会双星契合，平静演绎，最终成为璀璨银河恒星呢？

也许"百度要关闭在线医疗咨询服务"只是一个传闻，但行业的整合发展与产业创新一定不是传闻，探索者的所有努力必将成为一个传奇。

第八十四篇
理由

　　压力和困难绝不能成为去作恶的理由。即便现实的磨难让你怨气冲天，但也绝不能生害人之念、强盗之心，因为这前后两者之间真的是没有丝毫关联。

第八十五篇
企业不可重用的五种人

1．经常提出辞职的人。这种人多以个人感受为中心，没有事业责任感，奉献与付出只是阶段性的，很难扛起企业持续发展的大旗。

2．与同事之间争执很多的人。不忍辱难负重，总结来看，好斗之人逃不过三类：愣头青、自私鬼、量小哥。

3．党同伐异的人。这种人最危险，拉帮结派，内耗不断。他们把个人安全感建立在对企业组织的破坏之上，是宁挥泪也必斩之人。

4．植物人。总因为自我膨胀而双目失明、双耳失聪的人，一个人"看不见、听不到"的时候，就是他浑身是理、满腹牢骚、不断抱怨别人的时候。

5．虚言挂嘴的人。爱讲大话的，说谎的，对承诺不诚信的，总说虚话的，爱传闲话的，专挑小话的。

老钱说：只要用心观察，你一定可以在身边找到这五种人。

第八十六篇
策略延续

　　从大量实践来看，对与不对等同于坚持与不坚持。只要以趋势为框架，以需求为中心，实现原力觉醒，模式回归，对就是个时间问题。所以，对于绝大部分企业来说，战略定力下的策略统一延续是起伏关键。

第八十七篇

领什么？导什么？

　　一个领导，只要是相对成熟企业中层以上干部，首先是团队思想上的领导，其次是团队整体行为有效性的领导，第三才是个人专业、技术或成果上的标杆和领导。

第八十八篇

本事

无畏，是创造的本事；主见，是领先的本事；一直干，是翻盘的本事；不看本事，是让本事长大的本事。

B.Kuang

第八十九篇
勤劳和懒惰

B.Kueng

　　美业逐渐陷入战术迷途，天天讲管理、细节服务、营销战术、行业标准化。

　　有三个观点很重要：第一，中小企业的经营做得好不好，管理是不起关键作用的。第二，你的商业内核不对，再努力也是无法持续的。第三，不同的定位要做不同的标准化，标准化以赢利模式为核心，顾客体验为载体。美容行业的战略非常缺失，战术让每个人都看当下。因为每个人都看当下，所以变得急功近利，越急功近利这个行业越没有前途。极端的方式和极端的人从开始就注定走不远。在战术上的勤劳永远弥补不了战略上的懒惰。

第九十篇
企业标准论

　　标准很好，很重要，必须要做标准。但做标准必须实事求是，不同的定位一定有不同的标准，不同的阶段对应不同的标准。对于非发达、非成熟阶段的企业，切记生存高于标准，切记创新高于标准，切记经营高于管理，切记人高于系统。发达阶段的企业则反之。由此，对于大部分营销主导型的美容企业来说，做标准化系统就要恰到好处：太早了是僵化，太晚了就是鸡肋；太浅了是画蛇添足，太深了就是枷锁；太简单了是疏漏，太复杂了就是本末倒置。当然行业要发展，标准势在必行，只是应用当真需要大智慧。

B.Kuang

第九十一篇
半直客医美

老钱定义半直客医美，走轻奢路线，是直客医美与渠道医美的中间业态。半直客医美有四个特征：优质上游资源、半对称项目、社群化营销和顾客浅分销机制。

B.Kzeang

第九十二篇
熬

　　熬，是条分界线，你行还是不行，不是别人说的，是靠自己熬出头的。再大的瓶颈与困难，有时候熬一下就挺过去了；再小的风波，有时候一低头你就永远失去了。正能量就是让你挺得住、熬下去的心量。改变每段命运不只靠方法，更靠与众不同的正能量，正能量一直要伴你到八十岁。在你八十岁之前，人生与事业有很多难以预料的事情。

第九十三篇
技量

　　技术是点，技能是线，技法是面。点是点，线是深度，面是跨度。比如你丰胸强，这只是个点，叫技术；但如果你从一般美胸一直做到高端关联养生抗衰，这就是条线，叫技能；而如果你能横跨生美、医美、大健康去做胸，这就是有容量的面，叫技法。老钱说，"技术、技能、技法"构成技量，有技量方可称为一技之长。

B.Xuang

第九十四篇
拓进留锁升挖

　　我在2013年开创了美业品项管理逻辑：拓进留锁升挖，这个逻辑既适用生美也适用医美，目前已经成为行业连锁运营支撑理论之一。其实这个逻辑核心分为四段，即拓进、留锁、升、挖。以需求做顾客管理，以品项做销售管理，解决会员消费"下空、中下憋、中卡、上压"等问题，进而以品项引发境像，突破坪效天花板。

第九十五篇
登堂入室

老钱说：工作强度是能力提升的台阶，深刻觉解是境界提升的大门。

B.Kuang

第九十六篇
怀才不遇

老钱提出一个定义——结构性能力：即特定领域与条件下，事物成功多维要素的人才能力匹配评估。换句话说，干一件事需要四个能力，你在一个能力上打一百分，而在其他三个能力上都打三十分，这个结果代表总分不及格：你的单一能力强，结构能力很弱，就干不成这件事儿，整体上真没有太多料。偶尔碰到有些略有专长的人才总感觉自己是怀才不遇，难有开心状态。老钱对此总是呵呵一笑：这纯粹是一场对自己的误会，世界上很少一直怀才不遇，有的大多数则是境不遇才。

第九十七篇

微商，微伤

　　因为做《旅游卫视》大微直播间的导师，老钱进入微商界。在这儿，我看到很多企业做微商发展很快，但衰落得也很快，货品堵在渠道，微商一年就变成了"微伤"。老钱说：货品用户价值低和渠道价值带的不完整性，造成了企业微商断捻儿的现状，微商业整体可行，但运作系统未来必须下沉。

第九十八篇
健康型美业连锁

　　符合新生代需求的，符合技术创新的，符合行业进步的，符合快时代节奏的，符合新美学定义的，给顾客好结果的连锁才可以发展成为健康型的美业连锁。陈旧企业只有放下势利眼、坏心眼、财迷心窍眼、急功近利眼，才能长出慧眼、未来眼。

第九十九篇
再上路的急与不急

因为你过去成功了，所以未来更可能失败。

再上路，就是二次创业，必须要克服：急功与近利。急功就是按原来的性子和过去成功领域的习惯，很快要结果。如此极易草率行事。近利就是把获利放在创业的首位，不去努力构建系统，不做笨功夫，总要投机取巧，好大喜功。如此极易误入歧途。再上路，本来就不是一蹴而就的事情，作为再创业者，应该更加成熟，千万别"不该赚的钱赚了，该干的事儿没有干"。二次创业什么该急，什么不急，是要想想清楚的。

第一百篇

恪守

老钱追求做策划成为一个企业化的公司，所以自己有五个恪守。

1. 放下对人的感受，关键看事儿。

2. 可以无限炒作，但自己不吹牛，不踩肩膀。

3. 不用电脑，不记案例，不用模式，按照感觉走，实事求是做策划，基于现实才能创新。

4. 把握分配利益的尺度，把自己变成局外人审视。

5. 不自恋，更不安于现状。

一切在路上，风雨是旅趣。

第一百零一篇
员工满意度

员工满意或不满意，只和四个要素有关：他有没有前途未来，环境令他开不开心，他的收入高不高，他和企业里的人有没有感情。

B.Kuang

前途未来：当员工认同企业是有使命感的正气企业，是可以长期依赖和能够发展的企业，并在此能够实现一定的目标，他会谦卑。这种谦卑来自他内心的敬畏，没有敬畏，你对他好，给的再多，他也不会满意。

开心：员工的开心一个来自于和谐、开放、真诚的环境，尤其是他的直接上级领导的管理作风，培养、协调、激励他人的能力；另一个则来自于企业对他的关怀与福利待遇。

收入：收入能高于同行业企业，是员工爱工作和可以更多付出的砝码。

感情：他们最早因为生计聚在一起，最后却因深厚的友谊而不愿离开。

员工满意度非常重要，其不仅是客户满意度的前提，也是企业可以不断壮大、持续发展的基础。

第一百零二篇
互联网+美业走向哪里？

眼下，互联网+美业的线上公司越来越多，有SAAS系统，有分销系统，有社区运营，有平台运营等。但老钱认为：无论生美还是医美，非标、重服务的行业本质难以改变；受众求美认知和信任的本质难以改变；客户管理黏性的行业本质难以改变；顾客延伸开发的场景需求本质难以改变。

所以大多SAAS系统、医美C2C获客网站与社区APP等都有一个死穴：那就是只聚焦线上，不做线下场景创新与服务组织系统构建，过度依赖低价与机制，避重就轻，总想躺着赚钱。老钱说：如果不做改变，不能以线下服务系统作为互联网+美业的核心，不久的将来，投资者和合作医美机构一定会发现——拨开云雾看本质，这原来只是从天而降的一场梦幻。

第一百零三篇
优秀员工的忠诚度从哪里来？

团队流失量大一定是企业的原因。横看美业，很多企业越大，胆子越小，让他讲一下企业，80％时间讲的都是五年以前的创新事儿，而近五年几乎没干什么，走着靠的是惯性。所以，只靠惯性，优秀员工流失量大，老板虽自诩坚强，但本质上员工走还是源于他的沉寂、不务正业和徘徊不前。

长风集团总裁于明山说：当企业停滞或下滑，所谓的员工忠诚度就是最多给你三个月面子。老钱也说：优秀员工的持续追随来自于企业家的独立人格与大胆突破现状的冒险精神。

第一百零四篇
美二代领导力塑造要过十二关

第一关：哥们义气关；

第二关：自我优越关；

第三关：配偶关；

第四关：勤奋刻苦关；

第五关：代沟愤世关；

第六关：金钱关；

第七关：外交关；

第八关：实践关；

第九关：大小政治关（影响力）；

第十关：企业掌控关（控制力）；

第十一关：关键决策关；

第十二关：领袖气质关。

第一百零五篇
机制

　　这筹那销不如把产品搞好，二级三级不如把服务升级。老钱说：机制永远不会是上流、中流；机制永远不会是长线、中线。机制不会成为商业本质，商业本质一定是顾客价值。开始被忽悠来的一定是做白日梦的，做白日梦的一定是后来被忽悠走的。切记：机遇和投机得分清楚。钱，好道儿来，好道走；歪道儿来，歪道走。

第一百零六篇
职业倦怠期，吃场忆苦思甜饭

饺子说：脸皮太薄，一定会露馅。

清蒸虾说：自觉大红之日，便是大悲之时。

啤酒说：冒泡冒多少不重要，关键是自己知道是满瓶半瓶。

面包说：渺小时，比较充实，膨胀后，觉得空虚。

油条说：不受煎炸，不会成熟；煎炸都没用，会成为讨人嫌的老油条。

拉面说：想更长的成功，得有人拉一把。

八宝粥说：融合才够味儿，一直沸腾自己才能快乐。

锅包肉说：要想一盘脆，你起码要进两次油锅。

豆腐说：关键阶段，硬起来得有人点化。

花生米说：跳来跳去的，最后不是炒煳就是半生不熟。

窝头说：留个正的心眼叫窝头，留个歪的心眼会窝心。

第一百零七篇
老钱眼中的称职高管

1．信仰企业文化，与常人不同。有远大梦想，才能持续充满正能量。

2．拥有宏观系统性思维，有谋方能善管，才能带领公司不断向前走。

3．不仅付出，更始终给下属心灵上的指导，下属才能从不断的高强度的疲惫中恢复。

4．控制自己的内心，始终有自我客观认知，功高不变心，利诱不变形，才能够有累积地健康发展。

5．热爱生活，尊重生命，并能从独有的阳光生活方式中持续汲取力量。

第一百零八篇
这些人最可能突然离开

1．认为企业使命与自己无关，完全不相信企业能够实现愿景的人。

2．视金钱为驱动力，为钱而来的并为钱而走的人。

3．持续进步提升的能力不能和行业、企业同步发展的人。

4．家庭至上，无事业观，缺乏对企业团队责任担当的人。

5．过于以自我感受为中心，不正视或尊重企业价值观的人。

6．心胸狭窄，说不得，碰不得，一说就跳，经得起表扬经不起批评的人。

7．基于个人情感一直在企业坚持的人。

　　企业成立伊始就肩负了社会责任与企业责任，绝非只为盈利这一件事。而一个能够持续沉淀的团队才可能逐步进化为一支成熟的团队。以上七种人最可能突然离开企业，对企业组织产生破坏。所以老钱建议创业者选择创业团队的起点尽量要放高一些，提前考量核心人才的持续性问题，而对这些人的德（信念）的评估往往也是最重要的。

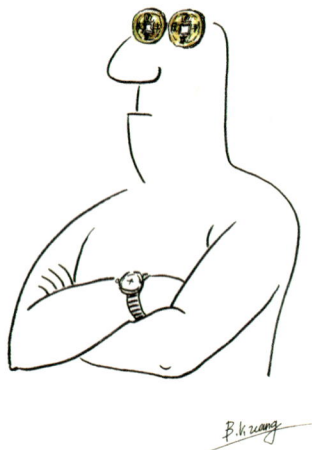

第一百零九篇
新流量

　　通过创新定位，塑造创新空间；通过创新空间，塑造创新流量。谈到流量和存量的问题，在过去十一年当中，美美咨询也创造过很多存量，大概有四千四百多场地推，为行业贡献约两千多亿的大业绩。

　　我们关注存量，但是我认为站在未来五年的角度去思考，流量才是我们现在最需要的，只有流量才能持续发展。随着时间和年龄的推移，存量最终会凋亡。

　　我所说的创新不是一刹那间的冲动，而是经历过艰苦地探索和实践。没有探索和实践是创造不出好结果的。

早在七年前老钱就说过两句话，第一句话是"生活美容医疗化，医疗美容生活化"，这句话我说的是流量和存量的平衡问题。

第二句话是"'80后'需求断崖"。七年前，所有美容院老板的生意都很好，她们问我："钱老师是不是你生意不好啊？总是吓唬我们。"但是今天我们去盘点生美的客户群，发现"80后"的会员占比连百分之一都不到。

"85后"今年也已经三十二岁了，正处于需要美容服务的年龄阶段，也是有着一定消费能力的群体，但是她们却没有来美容院寻求服务，而在走向美容院的路上被医疗美容半道拦截了。

所以我说，人生有两个悲剧，一个是想得到却没有得到的，另一个是不想遭遇的遇到了。在中国SPA协会十周年庆典上，大多数都是生美企业，但我非常遗憾地说，实际上在SPA领域的生美企业已经专业沦陷了。

比如我的战略合作客户华夏良子，华夏良子的直营店和加盟店一共三百多家，一天进客约十万人，其中有七万人在做SPA，一年大概是两千万次。请问各位，你们店里SPA的消费频次是多少？因此我说SPA和养生对生活美容的转型，从未来五年的角度来看是个伪命题，因为别人做的是服务型流量，你做的是销售型存量。

这是销售型企业和服务型企业的不同，所以要成为真正的专业，专业会干倒非专业，这是永远不可能改变的真谛，找到顾客价值是一切营销和一切模式的起点。

今天我们行业面临了几个问题，B2B的高端供应链产业下滑，传统生美服务与新流量的萎缩，直客医美推广成本的透支还有新消费者沟通渠道的转移……在这些问题上我们必须去正视，我们不是为了任务而忙碌，也不是因为蒙蔽双眼就可以回避。

用一个五年的时间去看待问题，今天也许我们发展得很好，但是未来五年会发生什么？结合以上的问题和思考，我们一直在努力探索更多的领域。

第一个关于连锁定位的问题。美美咨询一直在努力寻找新医美领域的空间，首先是在医美的连锁定位创新，它的本质和内核是功能性连锁的到来，我们会惊奇地发现，年轻群体从"80后"开始，他们的消费需求都发生了根本性改变。

"60后"到"70后"他们在美容服务上的消费需求是奢侈享受与苦难寄托；"80后"到"90后"消费者，他们更关注功能性的改变。功能性的连锁会在未来成为一个主流，也就形成了现在的大单品战略，越来越多的企业用功能性连锁来塑造大单品战略，通过大单品战略实施快速的拓展市场。

在过去的五年，我们创新了很多的连锁业态。它们和我们传统的业态完全不同，像美悦荟，我们给它的定位是E·SPA 光电中心。在五年前，光电中心就可以做定位，一百六十余家新直营店的成功，说明它代表了一个那个阶段的行业创新。

但如果今天再做光电中心的定位，就是一个伪命题，因为光电只是一种工具，你必须要塑造全新的专业内核。现在那些盲目开设光电中心的企业，未来将会进入一个极大的红海。

因为光电它有几个很大的特质：第一个就是低黏性，低黏性的连锁就必须与高流量互补；第二个是光电型的连锁进驻壁垒太低，随便摆十台仪器就是一家光电中心，几乎没有任何的技术壁垒，从而形成产业的泛滥。

因此，我们看到无论美悦荟还是小蛮腰、媚眼荟、我爱细腰、红洋坊、智能美肌等，我们美美咨询这几年协助创立二十多个功能性的连锁品牌，有超过五百家的实体店。在现今行业抢占流量便是抢占先机。

那么这么多连锁店带来的新流量怎么才能有效地运用到我们的大单品战略中呢？从前端开始去解决问题，从真正为顾客实现价值的角度思考，我提出了"连锁进入新常态，新常态是个小时代"。

小时代的四大特征是"轻、薄、智、值"。"轻"是指轻资产、大数据、中小单体。"薄"是指差异化+低成本+去中间化+大规模。"智"是指自主化服务+高复制内核。"值"是指功能化解决问题+高性价比的产品组合。

第一，年轻群体越来越看重价效比的问题。当今为什么互联网企业对传统企业构成的压力这么大，是因为传统企业的价格虚高，在高度透明的互联网时代，年轻群体所要的价效比与传统企业所设计的产品理念离得越来越远。

第二，行业半直客医美的新流量和探索。半直客界于渠道医美和直客医美中间，其定位是轻奢需求，在高价格和私人订制的中间。轻奢也是一个很大的业态，例如iPhone和H&M这些就属于轻奢品牌。轻奢将是未来的一个主流，既能解决我们服务成本和品牌问题，又能解决顾客的价效比问题。

半直客医美是未来一个新时代的到来。传统直客医美的广告营销和渠道医美的深渠道营销已经逐步进化为社会营销。社会营销是把你的窗户打开，让你发现更多的外部资源，通过团体微博、微商系统、网红系统、高端异业探索新流量。

比如说薇琳进驻上海第一步就是去做夜场营销，新医院没有任何资源一年就可以产生一亿二千万的现场收入。同时还有上海鲁南医院等十几家医疗机构，都是靠新的异业群体获得新的流量。

而南京莎莎则用一个两百万粉丝的微博号，实现网红互动，一年就做到五千万的业绩，推广成本几乎为零，而且百分之九十都是异地客户，他们做的都是轻奢型项目。

在这个实践当中，我们应用了很多社会化的营销，比如我们做的瑞士领誉医疗、欧洲医生联盟，就是对C端顾客直接进行营销，我们做海润摩尔直接用微商系统嫁接医美系统，都取得了非常好的效果。

第三，分销目前已经成为行业的热点。不管是用直销还是三级分销等前端模式去拓展新资源，在这个问题上，我进行了很多观察和思考，第一个发现是我们看到了很多产品直销的企业做得非常成功，但是在全球找不到一家以服务做直销而取得成功的企业。

第二个发现是我们看到三级分销的禾丽，用八个月的时间就圈了一千多家美容院合作，但从今年情况来看，禾丽在武汉的整个市场处于下滑趋势，虽然今年它又进入了北京、合肥、江西市场，但我们可以看到这些三级分销的模式，对于一个以服务为主导的医美领域可能是一个非持续的模式。

现在很多医美企业应用了直销的形式。关于这个问题，我认为，第一点这是个购买者、经营者和使用者的叠加度问题；第二点是这种形式是前端的分润过大，而无法解决后端的延续服务成本问题；第三点是直销模式和医美组织模式冲突的问题；第四点是其业务流程过短导致高端消费开发过浅的问题。

当然以上都只是我的一家之言。我真正希望更多的企业可以持续成功，希望他们能为行业做出判断，为我们行业指点迷津。关于新医美我这里只讲流量和顾客价值相关的问题，任何成功的背后一定是艰辛努力的结果。

大医美要推陈出新，首先要从推陈着手。任何企业、任何行业都不乏好的创意，但最缺乏的是面对现实和勇敢的呈现。我们需要重新用三年、五年甚至十年的目光去思考战略，我们现在究竟在哪里，将来究竟会走向哪里？哪些是可持续发展的，哪些是不可持续的？

所以新医美新定位，拓展新流量，创造新空间。每个圣人都有过去，每个罪人都有未来，我们无法左右变革，我们只能走在改革的最前边。

第一百一十篇
理性与感性的赛跑

在机遇撞到眼前的时候，人最先关注的往往只是自己的感受，并因此深陷而迷惘。现场直播的人生选择非此即彼，理性与感性的赛跑，无人输得起。一不小心误入歧途，泥沙和灰尘就埋住了此后的斗转星移。

B.Krung

第一百一十一篇
五个问题导致中国美发业面临崩盘！

1. 传统美发业把技术当专业，故步自封，害己害人。

2. 美发业四乱，掏空行业，持续分散：乱充值＋乱开店稀释品质＋乱股改现金分红＋乱自立创业。

3. 美发人只花钱学技术镀金，舍不得花钱学习经营管理。

4. 美发业产能严重过剩，行业竞争导致价格低于成本（只靠储值而活）。

5. 产业链背离专业线本质，几大巨头掐住终端脖子，品类呈现日化式荒漠化。

因此，"三整一转"可救行业。三整一转：上游打通，中游强效，下游回归三整合，美发人思想大转变。

第一百一十二篇

隐形的软弱

　　有一种人才叫舞台型"演才"，顾名思义就是台上叫行，台下实干不行；有一种人才叫知足型"家才"：有爱人，有孩子，有车子，有点小票子，就开始想应该过怎样的人生；有一种人才叫朝三暮四型"渣才"，做人做事总不能忠信到底，一桩桩跳槽都有改变的理由；还有一种人才叫虎头蛇尾型"逃才"，开始很强，有困难就跑，关键时永远挺不住，一路上只能胜，不能败，一败即涂地。

　　以上几种人才，无论修炼怎样的文化底蕴、知识结构、职业素养都无法改变内核，永远都是外强中干的庸才，他们都有一种共同的软弱叫"隐形的软弱"；他们也都将有共同宿命叫打回原形。

第一百一十三篇

美容院老板的软需求

　　时至今日，美业上游企业有真功夫的越来越多，能为下游带来大结果的也越来越多。所以，未来上游企业竞争的不只是比解决硬需求的能力，同样更要比解决软需求的能力。如：被尊重的需求，被关心的需求，与业务无直接关联付出的需求，朋友情感的需求。而这些需求的更大满足，也将推动整个行业团结共融的进步。

第一百一十四篇
是什么推动医美行业跨越发展？

老钱说：现在乃至将来，推动医美行业跨越发展的不是互联网，不是新营销，不是新技术，不是新材料，不是新设备，而是好医生的新审美！

中国医美行业三十年，中国美人时代画像巨大变迁，审美标准的进化左右行业发展方向，筛选行业中的企业，优胜劣汰。在纷繁复杂的现实中我们必须坚定：需求决定产品，创新始于顾客，任何品牌都会被忘记，一个时尚的行业被记住的唯有被当下喜欢的好作品。

第一百一十五篇
思想问题

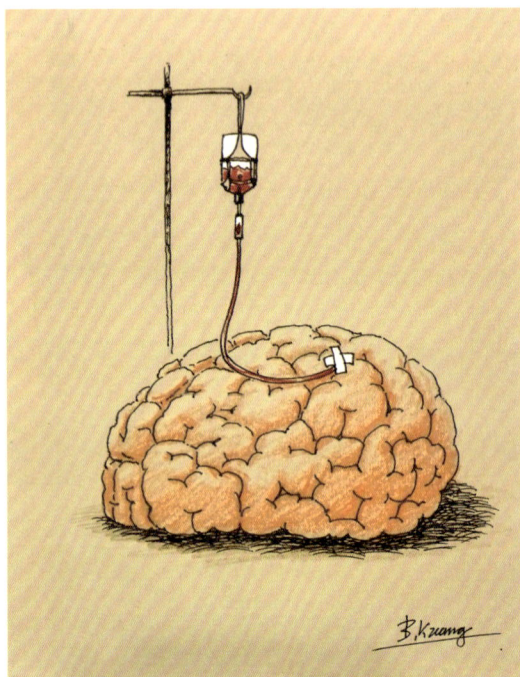

　　老钱说，思想问题才是管理的本质问题。作为一个管理者如不能及时拔了团队成员心里长的野草，那就离你失去他不远了。

第一百一十六篇
清流会战胜浊流

　　在中老年人聪明过剩的年代，急功近利和物欲横流终的大美业的浮躁终将由一群年轻的力量用新思维、新创造、新供给的红土将其掩埋！美二代那种追求持续的力量就是上一代永远追不上的力量。当你老了，清流会战胜浊流。

第一百一十七篇
忙是老天对你的眷顾

　　忙是老天对你的眷顾，万千大众中为何只把机会给你？这些机会，你要努力去抓住。人，活着就该有像样的活法，这个活法是对自己的交代，一个对自己都交代不了的人，对别人有交代一定是骗自己和骗别人。活着，就不能像野草那样活着，被人无视和践踏；而要像大树一样活着，被人尊重和仰慕。想法决定活法，大部分想法不能用对错去判断，只能用时间去验证。希望你有机会忙起来，不以物喜，不以己悲，为机会快乐起来，感恩老天，从现在到以后。

B.krung
2007.1.

第一百一十八篇
低端管理者

团队最讨厌不肯分钱的老板，但是团队也最不肯追随只会给钱的老板。让团队持续稳定并一直保持向上的状态，实际上这是最难做到的。因为高端团队求的东西其实很多：发展，信念，钱，事业，情感，关注，使命，机遇，尊重，快乐……很多很多，所以，高级人才肯一直留下来绝对不只是给钱那么简单。其实，当人们的物质需求得到满足之后，感受精神生活的美好，是人们憧憬的。好企业应该同时很好满足团队的精神需求，尤其是当下主流进取型团队的精神需求。用共同的使命引领团队前进，让那些心里有阳光的人找到自己奋斗的归宿。我们也必须努力自我改造，去接近一个企业家的标准，否则，满脑子的金钱至上就会把你禁锢成一个团队流失率极高、发展短线、经常众叛亲离的低端管理者。

第一百一十九篇
消费降级风险加大

　　老钱说：2017年美容行业直销医美的兴起促使美业消费降级
的风险在加大。

第一百二十篇
专业与服务

　　"专业"就是解决问题，这是判断专业的根本标准。"服务"则首要在与人为善和与人方便。专业是服务的一部分，服务则就是服务，不可混淆两者概念。

第一百二十一篇
核心高管要重点打造六个能力

第一，被董事会高度信任并放权的能力。

第二，受整体团队高度拥护爱戴的能力。

第三，改变优化企业顶层管理环境的能力。

第四，以创新经营思维提高团队整体绩效的能力。

第五，独立思考、敢于决策、敢于承担的能力。

第六，建设、贯彻、执行、推动企业文化发展的能力。

以上六个能力是核心高管和中层管理干部的根本能力区别。

第一百二十二篇
人生吃喝玩乐4.0

老钱的结拜大哥郭东说："吃喝玩乐"是追求的最高境界。

1.0：吃，懂得"吃一亏长一智"就智商毕业到1.0了。

2.0：喝，懂得为江湖"喝彩"就情商毕业到2.0了。

3.0：玩，懂得"王+元"玩转钱财就帝商毕业到3.0了。

4.0：乐，乐山（江山）乐水（江湖）乐天下（民众），4.0乃人生最高境界。

第一百二十三篇
他们那样，因为你这样

　　优秀人才是非常宝贵的，而决定其状态好坏及去留的一般都是直接上级。以下老钱列举了下级认为上级太差所以抗拒领导甚至离开企业的七个方面：

1．上级和下级抢客户，抢功劳（无论多有道理）；

2．上级小富即安，耽误下级大发展（无论付出多少感情）；

3．上级私心或私情太重，不能一碗水端平（无论以前多么正气）；

4．上级缺乏勇气，不敢承担责任，关键时刻就跑（无论才华多么迷人）；

5．上级小事不糊涂，大事不明白，心胸狭窄（无论智商或专业有多过人）；

6．上级帮助少，要求少，交流少，尊重少（无论企业有多大规模）；

7．上级既透明又悲观，下级工作环境压抑而痛苦（无论是多难的境况）。

第一百二十四篇
一句话

一人励志，万夫莫敌，内因是本，外因是凭。

第一百二十五篇

老钱说自我成熟的四个标志

1．真诚。当众自嘲、自批、自省、自黑者才可以算是一个真诚的人，真诚是大智慧。

2．修正。不断改进的才是平衡的。修正是指活在当下的改变，因为决定的关键往往在眼前，而不是被人遗忘的过去和很少有人关心的未来。

3．牺牲。功利心爆发的不久，接踵而至的是凌乱一片和孤立无援；心有恒热关注别人，才能有持续资源，关键时刻牺牲自己，才会得到拥护与帮助；铺路就是坦途，牺牲就是得到。

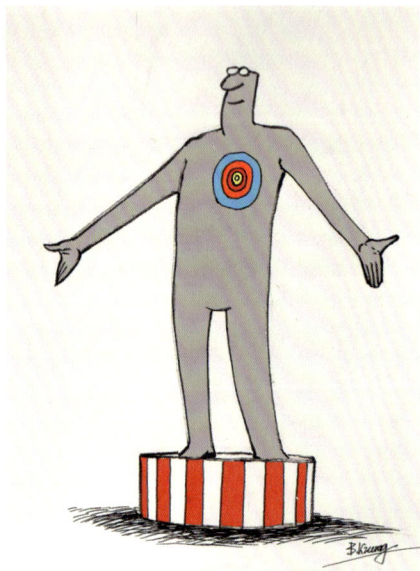

4．勇敢。你把什么放在最前面很重要，这个决定你勇敢的多少。

第一百二十六篇

清补

　　老钱说：美业专业线人才很多是营养不良的，需自清自补。能力弱的员工要用自己的心态强去补动力，快升级；能力强的员工要用自己的谦逊足去清内浊，保长线。

第一百二十七篇

静生智，定生慧

我的好友玛萨国际王淑艳董事长说：浮躁的社会，狂躁的年代，急躁的员工，静定是超然智慧之道。智慧，智，是解决问题的方法；慧，是超前的意识。

人一旦静定，万物则水落石出，心态则豁然开朗。

一切事物的真相会随时间的推移自然浮出水面。

第一百二十八篇
他们说可以颠覆行业

　　2017，伴随着高端服务业发展的速度减缓，突然跳出一批人，高呼颠覆行业的口号，搞起什么：共享美容院，医美直销，众筹供应商等等噱头，看其劲头你不顷刻从了他，立马就会死无葬身之地！老钱认为：大美业三十余载，只有优化升级，也从未被颠覆，有道是皮之不存，毛将焉附，无论何朝何代，实体经济永远是支撑的基石，产业报国，实业兴邦！恐惧者、游离者、弃主业者往往都是低迷者。行业如果能轻易被颠覆，也不会称之为一个行业。而无论何种商业模式创新，最重要的是去审视用户价值的改变和接入最后一米的效率。否则，无论是何唬人的来头和调门，往往只有渠道价值，只能融资，只能圈人，只能掏空，只能短热，皆过眼云烟，很难持续。这些人麻痹别人的同时麻痹了自己，在推动行业偏离正轨的险途中堕落。

第一百二十九篇
美业会销的内核

老钱说，十几年前，我推动美业创造了集中成交会销模型。如今，会销已成为美业精准营销的重要支撑。会销形式千万种，但好会销的内核只有一个：就是用外部因素逆转改变购买者心智的逻辑。一般分两种类型：循环型与非循环型。循环型：放、转、引、专、诱、震、留。非循环型：放、震、引、专、转、诱、压。

第一百三十篇
时间这个朋友

　　别把一年、两年能干成的事想得太大，也别把三年、五年能干成的事想得太小。

B.Kzung

第一百三十一篇
美的人生观

我们身在美业，追求美，塑造美，崇尚美。人生观是指人们对人生的根本态度和看法，包括对人生价值、人生目的和人生意义的基本看法和态度。人生观主要回答人为什么活着，人生的意义、价值、目的、理想、信念、追求。

老钱问美业同仁美的人生观，你此生来到世上的目的是什么？它与行业有关吗？它未来几年会发生变化吗？是的，我定义的是此生。